CÓMO TENER ÉXITO EN LA VIDA

PAUL McGEE

CÓMO TENER
ÉXITO
EN LA VIDA

35 consejos sorprendentemente fáciles para vivir a lo grande

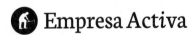

Empresa Activa

Argentina – Chile – Colombia – España
Estados Unidos – México – Perú – Uruguay

Título original: *How to Have a Great Life – 35 Surprisingly Simple Ways to Success Fullfillment & Happiness*
Editor original: Capstone, John Wiley & Sons Ltd., Chichester, West Sussex, UK
Traducción: Núria Martí Pérez

1.ª edición Febrero 2019

Copyright © 2018 *by* Paul McGee
All Rights Reserved
Copyright © 2019 de la traducción *by* Nuria Martí Pérez
© 2019 *by* Ediciones Urano, S.A.U.
Plaza de los Reyes Magos, 8, piso 1.º C y D – 28007 Madrid
www.empresaactiva.com
www.edicionesurano.com

ISBN: 978-84-16997-03-9
E-ISBN: 978-84-17545-11-6
Depósito legal: B-1.344-2019

Fotocomposición: Ediciones Urano, S.A.U.
Impreso por Romanyà Valls, S.A. – Verdaguer, 1 – 08786 Capellades (Barcelona)

Impreso en España – *Printed in Spain*

Para Matt y Ruffio
con amor

Índice

Introducción
Asegúrate de leerla

Lo más probable es que tú y yo nunca nos hayamos conocido. Mientras emprendemos lo que en ocasiones será un profundo viaje personal, me gustaría compartir contigo lo que ha inspirado las palabras que estás a punto de leer; y también qué ha sido lo que les ha dado forma y las ha influido.

Llevo más de 20 años escribiendo libros. Este es el undécimo y estoy absolutamente entusiasmado por haberlo escrito, incluso más todavía que cuando se publicaron los anteriores. Si llego a tener nietos un día, este libro será el primero que me gustaría leerles. Creo que contiene algunas lecciones vitales que les vendrá de maravilla aprender.

Pero también me ha costado lo mío escribirlo por una sencilla razón:

Mientras lo hacía me sentía como un impostor y un presumido.

¿Por qué?

Porque tuve que hacerme esta pregunta: «¿Quién soy yo para escribir un libro titulado *Cómo tener éxito en la vida*?» ¿Acaso estaba suponiendo que las vidas de mis lectores dejaban mucho que desear y que yo tenía todas las respuestas? ¿Podía con sinceridad afirmar que a lo largo de mi medio siglo en este planeta había estado llevando una gran vida?

La verdad es que solo de pensarlo me producía turbación. Mi vida, como la de muchas otras personas, ha sido en algunos momentos una montaña rusa. Había disfrutado sin duda de ciertas subidas, pero también había vivido algunas bajadas.

Así que pondré las cartas encima de la mesa. Estamos emprendiendo un viaje juntos, y espero que cuando llegue a su fin sientas que ha sido estimulante, placentero y valioso. Pero lo estamos realizando los dos. Tú y yo. Estoy convencido de que descubrirás una serie de ideas y percepciones que mejorarán tu vida, y todo ello acrecentará el éxito, la plenitud y la felicidad en tu día a día.

Y a mí me ocurrirá lo mismo.

Nos hemos embarcado en un viaje en el que aprenderemos juntos, y las palabras que escribo no proceden de un estado en el que me siento superior al resto de los mortales, sino más bien de un estado de sorpresa en el que, pese a mis ocasionales meteduras de pata, traspiés y bregas a lo largo de los años, he aprendido a desprenderme de algunas cosas por el camino y también he cosechado algunos éxitos.

Estoy realmente entusiasmado con este libro, porque creo que lo que estás a punto de leer es sumamente importante. Trata de los temas más cruciales que llegarás a examinar: de tu vida y de cómo aprovecharla al máximo. Lo cierto es que sea cual sea tu edad, género, cultura o trayectoria vital, todos tenemos unas necesidades parecidas. Todos queremos que nos amen. Pertenecer a algo. Tener un objetivo en la vida. Y quizá sin saberlo, nos pasamos la vida entera intentando afrontar y cubrir esas necesidades.

La cuestión es cómo puedes aumentar tus posibilidades de satisfacerlas y evitar los posibles atolladeros, callejones sin salida e incluso caminos autodestructivos.

De esto es de lo que trata el libro.

Mi propio periplo vital ha sido muy amplio y variado. Trabajé en una ocupación que detestaba, me formé como agente de libertad condicional, cuidé a pacientes oncológicos terminales y perdí tras terminar los estudios un puesto de alto nivel en una compañía famosa internacionalmente por culpa de mi precaria salud. También fui superintendente de 30 mujeres en la línea económica de hamburguesas de carne de vacuno de una compañía de productos congelados. Si nunca has tenido a 30 mujeres a tu cargo, no sabes lo que te has perdido. Y si jamás has comido hamburguesas de carne de vacuno de una línea económica, no te imaginas lo afortunado que eres.

Llevo más de 26 años dirigiendo mi propio negocio. Durante ese tiempo he asesorado a profesores, emprendedores, vendedores, enfermeras, políticos, futbolistas de la Premier League, gurús del mundo de los negocios y directores ejecutivos.

Y a lo largo de esos años he aprendido que, aunque las teorías sean maravillosas, la experiencia no tiene precio, te lo aseguro.

Ha sido de esas numerosas vivencias de las que he bebido para ayudarte a descubrir las nuevas percepciones, ideas e inspiraciones que te permitirán llevar una gran vida.

Advertirás que cito muchas historias. Las historias se quedan grabadas en la mente y gustan a personas de todas las edades y culturas. Compartiré contigo mis éxitos y mis fracasos. Mi motivación es más bien de naturaleza mancuniana (nací en el sur de Manchester) en lugar de californiana. Soy más de hechos que de palabras.

También soy consciente de que, aunque una buena cantidad de personas desean desarrollar y mejorar su vida, parecen tener cada vez menos tiempo para hacerlo. Soy un gran fan de los libros de desarrollo personal, pero con todo me intimida en cierto modo la idea de tener que rastrear con un cedazo las aguas de cientos de páginas escritas en letra pequeña en busca de mi nueva percepción o de mi pepita de inspiración más reciente.

Por eso he escrito este libro de la forma en que lo he hecho. Son como aperitivos de inspiración, por decirlo de algún modo, pero sin fecha de caducidad. Empieza a leer el libro por donde te apetezca. Cada capítulo es independiente, pero admito que algunos serán más importantes para ti que otros. Incluso algunos parecerán contradecir a otros. Pero lo he hecho deliberadamente. Quiero ofrecerte una variedad de percepciones en lugar de un manual sin matices con una visión en blanco o negro que te guíe paso a paso al éxito. He querido mostrarte perspectivas opuestas, creo que es superficial e inútil abordar siempre la vida con un único enfoque. No hay un solo capítulo que cuente la historia en su totalidad, pero cada uno te ofrece un punto de vista para que lo tengas presente. Te aconsejo que no te lo leas a toda prisa de un tirón. Tómate tu tiempo. Digiere a tu propio ritmo las ideas y las percepciones del libro. Y comparte lo que hayas leído con los demás. De esta forma, además de consolidarlo, te inspirará nuevos pensamientos y acciones.

Algunas cosas que leerás en el libro ya las conocerás. El contenido te resultará familiar, pero puede que mi forma de presentártelo te sorprenda. No voy a disculparme por recordarte cosas que quizá ya sepas. En este mundo lleno de distracciones, pletórico de continua comunicación de toda índole, necesitamos que nos recuerden verdades y percepciones que pueden fácilmente perderse y olvidarse en el constante bullicio de la vida cotidiana.

En ciertos capítulos exploro un territorio que te resultará menos conocido. En algunos momentos te ofreceré una perspectiva que tal vez te parezca contradictoria o ilógica en cuanto a cierta información anterior. Tampoco pienso disculparme por ello. Este libro no intenta reutilizar o repetir ideas de otros, sino que te ofrece un alimento fresco para la reflexión, te motiva a pensar más y a examinar aspectos conocidos de tu vida de una forma distinta. Cuando la ocasión me lo ha permitido, he intentado añadir toques de humor a mis escritos. La vida es un asunto serio, pero a veces nos la tomamos con demasiada seriedad.

Espero que, además de sentirte mejor equipado para llevar una gran vida, puedas compartir lo aprendido para ayudar a los demás a hacer lo mismo. Creo que todos podemos participar en ayudarnos unos a otros a llevar una vida más exitosa, plena y feliz.

Me encantaría saber qué te ha parecido el libro; si lo deseas, puedes enviarme un tuit a @TheSumoGuy (usa #greatlife) o un correo electrónico a Paul.McGee@theSUMOguy.com. Prometo contestarte.

Disfruta del viaje.

PAUL McGEE

1

Aprecia los milagros cotidianos

Bien, empezaré haciéndote tres breves preguntas. La primera es: cuando te vistes, ¿qué zapato te pones primero, el derecho o el izquierdo? La segunda: cuando subes un tramo de escaleras, ¿qué pierna levantas primero, la derecha o la izquierda? Y la tercera: cuando masticas la comida, ¿con qué lado de la boca lo haces, el derecho o el izquierdo?

Si eres como la mayoría de las personas, tendrás que pararte a pensarlo antes de responder. A decir verdad, algunas ni siquiera están seguras al cien por cien de la respuesta. Y, sin embargo, las tres preguntas tienen que ver con actividades que hacemos casi a diario (salvo quizá para las que detestan ir calzadas, viven en una cabaña en medio del bosque y se alimentan con una dieta a base de líquidos). De hecho, probablemente hemos realizado cada una de estas actividades miles de veces a lo largo de la vida.

Esta es la cuestión.

Como ves, hacemos algunas cosas con tanta frecuencia que ni siquiera las advertimos. Las realizamos automáticamente.

También me gustaría que hicieras algo más. Lee, simplemente, lo siguiente:

El mote de Ricardo era pleoutdo.

Lo entendido has pese a mal escrito estar.

También has entendido esto.

¿Lo has pillado? Es increíble, ¿verdad?

La razón es la siguiente:

El persistente deseo innato del cerebro de facilitarnos las cosas. Como ves, al cerebro le encanta conservar la energía, y como las neuronas usan casi el doble de la que gasta cualquier otra célula del cuerpo, ha aprendido a esforzarse lo mínimo posible de distintas maneras.

Una forma de hacerlo es reconociendo pautas. Si todo aquello con lo que el cerebro entra en contacto es conocido —el mismo despacho, el mismo trayecto para ir al trabajo, los mismos amigos—, o si no es más que una rutina repetitiva —vestirse, subir las escaleras o masticar la comida—, pone el piloto automático y se olvida del tema. Las repeticiones diarias de nuestra vida significan que el cerebro se puede relajar, no hay ningún peligro a la vista, no está ocurriendo nada inesperado. El cerebro piensa: «Relájate, esto ya lo he visto antes». Por lo que no se concentra ni tampoco registra conscientemente toda la información.

Y esta reacción es buena. No queremos pasarnos siglos intentando decidir en qué orden nos vestiremos. Ni tampoco queremos que nos ocurra lo mismo al subir las escaleras o masticar la comida. Cuando conducimos también lo hacemos de manera automática, nos relajamos y nos ponemos a pensar en otras cosas.

Pero ese es el problema.

Si no prestamos atención, podemos desconectar de lo que tenemos entre manos con demasiada frecuencia.

Es fácil repetir una y otra vez las rutinas, los trayectos y los hábitos. Pero cuando lo hacemos, es como si viviéramos nuestra vida rebobinándola hacia delante a toda velocidad.

> *Perlas de sabiduría para una gran vida*
>
> Es fácil no saber apreciar la riqueza y la variedad que la vida nos ofrece.

Cuando somos pequeños todo es nuevo para nosotros, por eso contemplamos embelesados los animales de las granjas y los aviones volando en el cielo. Pero a medida que nos vamos familiarizando con todas esas cosas, es fácil dejar de apreciarlas hasta el punto de no advertirlas (a no ser que seamos granjeros o nos dediquemos a observar aviones).

Estas palabras de Einstein me fascinan e inspiran:

> Solo hay dos maneras de vivir la vida. Una es creer que los milagros no existen. La otra es ver que todo es un milagro.

¿Sabes lo que he descubierto? Que es importante ver lo que tenemos delante de las narices. Para tomarnos el tiempo de detenernos, hacer una pausa y reflexionar. Sé consciente de todo. Aprecia el agua que sale del grifo, la ducha con agua caliente y los árboles que bordean la calle en la que vives.

CONSEJO PARA VIVIR A LO GRANDE

Cuando estés pensando en lo siguiente que comerás, ¿por qué no saboreas lo que estás comiendo plenamente?

En lugar de fijarte en lo siguiente que comerás, vive el momento y disfruta de verdad de lo que estás comiendo en ese preciso instante. Es algo que yo he empezado a hacer más. Me dedico a apreciar lo extraordinario que hay en lo ordinario. Y cuando saboreo plenamente lo que estoy comiendo, me siento un poco raro. ¿Por qué?

Por cerrar los ojos mientras como.

Aunque no lo haga durante toda la comida, pues me resultaría demasiado incómodo pincharla y cortarla a ciegas con el tenedor y el cuchillo e intentar dar con el siguiente bocado. Y también sería desagradable para las personas con las que estoy comiendo. Pero tomo un par de bocados siendo plenamente consciente de la comida y advirtiendo los sabores y las texturas de los alimentos.

Tal vez todos haríamos lo mismo si estuviéramos en un restaurante de alto copete y hubiéramos pagado un dineral por el manjar. Pero te estoy sugiriendo que lo hagas a diario, siempre que comas. Te lo aseguro, los copos de maíz te sabrán a gloria.

Bien, no es más que un ejemplo un tanto peculiar, pero con todo ilustra una cuestión importante.

Perlas de sabiduría para una gran vida

Es fácil vivir con la actitud de «¿qué más hay?» en lugar de apreciar lo que estamos saboreando «ahora».

La vida, a pesar de todas sus dificultades, es una experiencia asombrosa. Pero me pregunto si, tal vez debido a la sobreexposición, nos estaremos volviendo inmunes a las maravillas de nuestro alrededor.

¿Apreciamos realmente la vida, las personas y los lugares?

Lo cierto es que queremos vivir experiencias nuevas que nos impacten, y no advertimos los milagros que nos rodean.

Me encanta esta cita del filósofo y teólogo judío Abraham Heschel:

Nuestro objetivo debe ser vivir en un estado de puro asombro… Levantarnos por la mañana y apreciar el mundo al máximo. Todo es estupendo, todo es increíble; no seamos indiferentes ante la vida. Ser espirituales es ser capaces de asombrarnos.

Quizá no te hayas dado cuenta, pero la mayoría nos hemos encontrado con las Siete Maravillas del Mundo. Te lo aseguro.

Las Siete Maravillas son las siguientes:

- ✓ Ver.
- ✓ Saborear.
- ✓ Amar.
- ✓ Oír.
- ✓ Sentir.
- ✓ Tocar.
- ✓ Reír.

¿Por qué no te tomas un momento para apreciar la gran vida que ya llevas? Somos beneficiarios de centenares de años de desarrollo humano en lo referente a la educación, la tecnología, la atención sanitaria, la higiene, el ocio, la arquitectura, los avances médicos, los viajes. La lista es interminable.

Echa un vistazo a tu alrededor y fíjate en la naturaleza. Detente y contémplala. Deja de vivir a cien por hora. Estás rodeado de cosas maravillosas. Aprécialas plenamente.

Perlas de sabiduría para una gran vida

La vida no es un anuncio, es el espectáculo principal. Empápate de ella. Saboréala.

Y no olvides que, aunque te hayas despertado sintiéndote cansado e infeliz, estás vivo. Sacúdete de encima esa sensación y empieza a disfrutar de las Siete Maravillas. Y aprecia, mientras tanto, los milagros cotidianos.

2

Haz las paces con las paradojas

¿Has deseado alguna vez volver a la infancia? La vida era entonces mucho más sencilla, ¿verdad? Me refiero a que si piensas un momento en un día típico de un niño pequeño, se reduce a:

Comer. Dormir. Hacer caquita. Jugar. Eso es todo.

Pero a medida que crecemos la vida se va complicando cada vez más. Las cosas ya no son siempre blancas o negras, sino que la mayoría de las veces son grises. Y en mi propia trayectoria vital he llegado a la conclusión de que cuanto más sé, más cosas no sé. Cuantos más años cumplo, menos seguro estoy de lo que antes creía con certeza.

Me he encontrado en esa tesitura en diversas ocasiones, como le ha pasado a mucha gente. Prefiero una cierta previsibilidad antes que la ambigüedad.

Cuando empecé a trabajar como conferenciante profesional estaba confundido por los consejos contradictorios de personas a las que respetaba, cada una tenía un punto de vista distinto sobre cómo triunfar en la vida. Y la gran variedad de perspectivas para tener éxito en la vida que descubrí en mis lecturas sobre la conducta humana también eran contradictorias.

Encontrar la «respuesta correcta» no ha sido fácil, pero Paul, mi amigo y mentor, compartió conmigo en una ocasión una cita del escritor estadounidense F. Scott Fitzgerald que disipó mi confusión y me ayudó a hacer las paces con las contradicciones. Fitzgerald escribió:

> La prueba de una inteligencia de primera clase es poder retener dos ideas opuestas en la mente al mismo tiempo y seguir siendo capaz de funcionar en la vida.

Esta cita tuvo mucho peso en mi viaje vital. Me ayudó a relajarme en lugar de forcejear con algunas cuestiones. He aprendido a aceptar las contradicciones y a ver que podemos vivir a lo grande de distintas maneras. Ahora sé que las paradojas se dan en todos los aspectos de la vida, a veces más de lo que parece a simple vista. Te mostraré hasta qué punto es así.

En nuestra condición humana, podemos ser maravillosos y también unos seres horribles. Unas personas magníficas, así como unos individuos mediocres. Somos una obra maestra y, al mismo tiempo, la estamos creando por momentos. Somos capaces de grandes actos de compasión y de actos de una crueldad espantosa. En unos aspectos de la vida somos maduros, y en otros, unos niños.

Cuando somos jóvenes nos gusta parecer mayores, y cuando somos mayores queremos parecer más jóvenes.

Un día somos los mejores padres del mundo y al siguiente, los peores. Las personas somos fáciles de entender y, al mismo tiempo, demasiado complejas como para que nos entiendan del todo.

Somos irrelevantes, unas motas microscópicas insignificantes que duran un suspiro en medio de la inmensidad del universo. Y al mismo tiempo, somos importantes y nuestra vida tiene mucho sentido. Lo que hacemos o dejamos de hacer influye en el futuro del planeta y en el de las personas de nuestro alrededor.

Podemos triunfar en la vida diciendo «sí» a ciertas cosas o diciendo «no» a otras. Al perseguir empecinadamente nuestro sueño, o al ver que ha llegado el momento de abandonarlo y de probar otra cosa.

En la vida nos animan a abrir los ojos y a estar en todo, pero por otro lado también nos advierten que no nos distraigamos. Nos fascina lo nuevo y despreciamos lo viejo. Y, sin embargo, pagamos un dineral por lo antiguo y una miseria por lo nuevo.

Creamos tecnología para ganar tiempo y hacernos la vida más fácil y luego nos enganchamos a ella y somos incapaces de desconectar. Planificamos las vacaciones hasta el último detalle y en cambio nos despreocupamos de nuestra vida. Nos dedicamos a fotografiar o grabar personas, platos de comida y lugares a todas horas y, sin embargo, no siempre nos tomamos el tiempo para disfrutar del momento.

Sabemos que debemos prestar más atención y hacernos un hueco para meditar sobre la vida y, sin embargo, necesitamos sentir que estamos siempre ocupados y dar la impresión de no parar quietos un segundo. Soñamos con relajarnos en la playa y cuando estamos tumbados bajo el sol nos quejamos de morirnos de aburrimiento.

Afirmamos que la mayoría de cosas son de sentido común y, sin embargo, pocas veces hacemos gala de ese buen sentido tan común. Nos quejamos de las largas jornadas de trabajo y luego decidimos hacer horas extras. Tenemos hijos para estar con ellos y después nos pasamos el día trabajando fuera de casa para mantenerlos.

Como ves, aunque las paradojas estén presentes en la esencia de quienes somos y de lo que hacemos, a veces intentamos encontrar el camino perfecto y descubrir la respuesta «correcta». Lo cierto es que la vida no es sencilla. Es complicada, caótica y compleja. Acaece en tecnicolor, y no en blanco y negro.

Perlas de sabiduría para una gran vida

La vida está repleta de colores, complejidad, potencial y posibilidades.

El camino al éxito, la plenitud y la felicidad no es una línea recta. Está lleno de giros y vueltas, incluso de cambios de sentido. En algunas ocasiones hay claridad, en otras, ambigüedad. Lo que te hace feliz a los veinte puede que a los cincuenta te saque de quicio. Lo que a ti te va de maravilla quizá no le funcione a otro. La vida es así. Y está bien. En realidad, está más que bien. Es liberador.

Tony Schwartz, el periodista estadounidense, escribió:

No te aferres a la certeza. Sé consciente de que lo contrario no es la incertidumbre, sino la amplitud de miras, la curiosidad y el deseo de aceptar las paradojas.

Esta actitud es apasionante. Nos libera de lo unidimensional y de un planteamiento único respecto a la vida.

Perlas de sabiduría para una gran vida

Cuando aceptamos las paradojas y hacemos las paces con ellas, nuestra mente se libera de la camisa de fuerza que la oprime y somos capaces de explorar nuevos horizontes.

El mundo palpita con paradojas y ello le da profundidad, riqueza, oportunidades y variedad a nuestra vida. De hecho, la vida empieza de forma paradójica.

¿Cómo? Te lo explicaré.

Recuerdo cuando nació nuestro hijo Matt. Fuimos a toda prisa al hospital, llenos de ansiedad y entusiasmados a la vez por la llegada de nuestro primer bebé. Aunque no cabíamos de contento, el dolor físico era casi insoportable (mi mujer no se sentía demasiado bien). Había en el lugar máquinas y unos fórceps enormes. Médicos y enfermeras sonriéndonos tranquilizadoramente.

Aquel día fue caótico y mágico al mismo tiempo. El resultado natural del desarrollo biológico de las células y los cromosomas. El profundo misterio de haber creado mi mujer y yo una nueva vida de algún modo. Y aunque millones de personas fueran padres por primera vez a diario, para nosotros era un acontecimiento especial, espiritual y único.

Estas son las paradojas de la vida, de nuestro periplo vital. No te pelees con ellas. Acéptalas.

3

Recuerda que estás bien

Cuando tenía siete años me caí de bruces en el patio del colegio. Lo recuerdo como si fuera ayer y en ese momento estaba convencido de que me brotaba un montón de sangre de la boca (aunque probablemente no fuera más que saliva).

Mis compañeros se apiñaron a mi alrededor para comprobar que estaba bien. También vinieron a felicitarme. Me había caído mientras marcaba un gol para mi equipo, una hazaña inusual por mi parte. De pronto, una de las monitoras que nos supervisaban durante la comida (ocurrió a principios de la década de 1970, las llamábamos «las señoritas del comedor») se acercó para descubrir la causa de aquel alboroto.

Evaluó los daños y luego declaró en un tono seguro y tranquilizador: «Estás bien».

Yo lloraba con tanto desconsuelo que incluso se me agitaban los hombros convulsamente, pero sus palabras me tranquilizaron.

«He oído decir que has marcado un gol. ¡Así se hace!», exclamó. «Ahora iremos a lavarte un poco la boca y las rodillas, y podrás volver a marcar unos cuantos goles más».

Dejé de sollozar de golpe, fui un momento al lavabo a lavarme y después volví a unirme al partido.

¿Qué tiene que ver este recuerdo tan viejo contigo?

Me refiero a que a veces necesitamos que nos recuerden que estamos bien.

Que a pesar de nuestras luchas, nuestros fracasos y nuestro sufrimiento, lo esencial es reconocer y aceptar en el fondo de nuestro ser que estamos bien.

Pero la realidad es que con frecuencia forcejeamos desesperadamente en la vida, intentando demostrar nuestra valía y nuestro deseo de aprobación.

¿Por qué?

Porque vivimos en un mundo que nos manipula para que creamos que no estamos bien. Un mundo que magnifica nuestras inseguridades y hace que no seamos felices con quienes somos, con lo que hacemos y con el aspecto que tenemos. Pero no te preocupes, te espera una buena noticia. Hay un producto o una experiencia que lo resolverá y arreglará todo.

Aunque conlleva un precio, claro está.

Algunas veces la publicidad nos envía mensajes contradictorios. Por un lado, nos dicen lo asombrosos y maravillosos que somos y nos sugieren que compremos un producto que vale un dineral porque «nos lo merecemos». Pero, al mismo tiempo, nos bombardean con mensajes sugiriéndonos que necesitamos mejorar, que nuestro aspecto deja mucho que desear, que podemos sacarle más partido y que necesitamos un cambio de imagen para estar al día.

Como ves, desde el punto de vista del marketing, es esencial que nos hagan sentir insatisfechos en nuestra propia piel o deseosos de sentirnos mejor al adquirir un producto en particular.

El mensaje subliminal es: «Estarás bien si...»

Así que, en lugar de sentirnos a gusto tal como somos y por el fabuloso potencial interior que tenemos, la publicidad intenta hacer que nos sintamos mal y nos anima a creer que nuestro principal objetivo en la vida debe ser corregir nuestras imperfecciones y negarnos a aceptar nuestros defectos.

Ya que a no ser que lo hagamos, no nos sentiremos bien.

Y esa sensación puede hacernos caer poco a poco en la trampa de *«necesito más de esto o de aquello otro»* en la que creemos que solo nos sentiremos bien teniendo más cosas, haciendo más actividades y siendo más importantes.

Pero puede convertirse en un círculo vicioso, y nuestro deseo de que los demás nos acepten y aprueben puede llevarnos a una búsqueda interminable en la que intentamos demostrar nuestra valía a toda costa, tanto a nosotros mismos como a los demás.

Perlas de sabiduría para una gran vida

Hay una diferencia abismal entre desear aprender, crecer y mejorar, y sentirnos constantemente insatisfechos en la vida por no ser perfectos.

Pero no me malinterpretes. Entiendo perfectamente que la insatisfacción nos empuje a nivel personal y, como género humano, a desear mejorar nuestra existencia. Incluso podrías estar leyendo este libro movido por el deseo de mejorar y crecer interiormente. Y lo entiendo. Pero...

Perlas de sabiduría para una gran vida

Si deseamos mejorar, debemos hacerlo aceptándonos a nosotros mismos en lugar de rechazarnos.

Te lo aseguro, me he estado detestando durante años, y esta sensación no me dejaba ni por un instante, sobre todo en cuanto a mi aspecto físico. Siempre me estaba fijando en mis defectos, y vivía convencido de no dar la talla.

Pero...

Por más que intentaba mejorar, no conseguía sentirme satisfecho ni a gusto conmigo mismo. Por eso sé, gracias a mi dolorosa experiencia, que para sentirnos mejor, más llenos y felices en la vida, no debemos tomar ese camino. A decir verdad, seguir por esos derroteros mina nuestro bienestar y puede sembrar las semillas de una salud mental que deje mucho que desear.

En su lugar, empecemos con la actitud de: «Estoy bien y...»

Reconozcamos que todos tenemos fallos y defectos que quizá deseemos corregir, pero aceptemos que son inherentes a nuestra condición humana. Forman parte de quienes somos, son lo que nos hace únicos. Al fin y al cabo, en algunos casos parte de nuestro encanto está en nuestras imperfecciones. ¿Acaso la Torre de Pisa sería igual de atractiva si no estuviera inclinada?

Ahora bien, no estoy intentando justificar una conducta inadecuada. Ni tampoco sugiero que nos olvidemos de nuestro deseo de crecer interiormente y madurar. Al contrario.

Lo que quiero decir es...

Perlas de sabiduría para una gran vida

Lo cierto es que hay algo en todos, como seres humanos y, por tanto, en ti, de lo más sorprendente.

Creo que es mucho mejor fijarnos en lo que nos está yendo bien, en nuestras cualidades, y basarnos en ello, en lugar de estar pendientes de lo que nos va mal y de lo que tenemos que corregir.

Piensa en esta realidad un momento:

De entre todos los millones de espermatozoides liberados, solo uno logra fertilizar al óvulo.

Por eso eres quien eres. Ganaste la carrera.

Y también hiciste un buen trabajo al nacer, incluso obtuviste un certificado que lo demuestra.

Cuando ves que estás bien, tiendes menos a rendirte al caerte de bruces. En lugar de desear que todo el mundo se compadezca de tu situación y se ponga en tu piel, te sacudes el polvo de encima, te limpias las heridas y sigues dando lo mejor de ti.

No pierdas el tiempo ni la energía intentando ser perfecto. Sí, persigue tus deseos de mejorar. Procura sacar tu mejor versión. Desarrolla tus capacidades. Sé más comprensivo. Pero hazlo aceptándote y reconociendo que, por más imperfecto y frágil que te sientas a veces, en realidad estás bien.

4

Sigue las instrucciones
de seguridad

Viajo a menudo en avión. Siempre me fascina la frecuencia con la que el personal de seguridad me elige, aleatoriamente de entre todos los pasajeros, para cachearme al cruzar el control de seguridad. A lo mejor hay algo raro en mí, o tal vez tengo una de esas caras que está pidiendo a gritos: «¡Elígeme!» Sea cual sea la razón, es agradable que la gente se fije en uno.

El arco de seguridad de un aeropuerto en Colorado reveló en una ocasión una anomalía en el área de mi entrepierna. Me alarmé bastante aquella vez, hasta que descubrieron que no era más que un trozo de pañuelo de papel en el bolsillo del pantalón.

Esta es mi particular historia.

Después de haber superado el control de seguridad y la zona de *duty free*, mi segunda gran tarea es subir a bordo. Me embarco con la vana esperanza de que el compartimento de encima de mi asiento esté vacío y me toque sentarme al lado de una persona menuda a la que no le apetezca hacer nada más con el codo que mantenerlo fuera de mi espacio vital y que se haya acordado de ponerse desodorante.

Entonces llega el momento incómodo.

El de las instrucciones de seguridad.

Las he oído cientos de veces, no estoy exagerando. Cuando las muestran en la pantalla, no me siento tan culpable si sigo leyendo el periódico como si nada sin prestarles demasiada atención, pero cuando es una azafata la que las presenta gesticulando plantada cerca de mi asiento, me veo obligado a escucharla atentamente, como si fuera un colegial. (Y siempre me pillo pensando cuántos pescadores alzarían la vista sorprendidos al oír el avión silbar por encima de sus cabezas mientras va perdiendo altura hasta estrellarse.)

Pero hay una parte interesante de las instrucciones de seguridad que siempre me deja meditabundo.

«En caso de despresurización de la cabina, se abrirán los compartimentos situados encima de los asientos que contienen las máscaras de oxígeno. Tiren fuertemente de la mascarilla y colóquensela primero antes de ayudar a otros pasajeros.»

Vaya, un consejo muy sensato.

Ponerse uno la mascarilla antes de ayudar a los demás.

En realidad, me parece una buena metáfora de la vida.

La palabra «inspirar» significa «insuflar vida». El problema es que factores como las personas, la burocracia, los cambios, la economía, la incertidumbre y la política, para citar unos pocos, pueden dejarnos secos a veces. ¿De acuerdo?

Perlas de sabiduría para una gran vida

El problema es que somos tantos los que intentamos ser unos héroes para los demás, que nos olvidamos de ser unos héroes para nosotros mismos.

Nos pasamos tanto tiempo colocándoles las máscaras de oxígeno a los otros, que nos olvidamos de ponernos la nuestra.

No estoy sugiriendo que dejes de echarle una mano a la gente. Por ejemplo, si tienes hijos pequeños, no te estoy aconsejando que les apuntes a esa tierna edad a cursillos de supervivencia y que les obligues a cocinarse su propia comida y a cambiarse ellos mismos los pañales (por más atractiva que sea la idea).

Lo que te digo es que tengas en cuenta tus propias necesidades en lugar de ser siempre el último de la lista.

Esta actitud no solo será buena para ti, sino también para los demás.

Perlas de sabiduría para una gran vida

Cuidar de ti no es un acto de egoísmo, es el secreto para el éxito y la cordura.

Pero me pregunto hasta qué punto nuestro deseo de satisfacer las necesidades de los demás a costa de las nuestras nos deja cansados y agotados.

La realidad es que no se puede beber de un vaso vacío. No puedes ofrecer lo que no tienes.

Si lo intentas, en lugar de sentirte bien echando una mano a los demás, empezarás a estar resentido. Si notas que has llegado a ese punto, hazme caso, es hora de ponerte la mascarilla de oxígeno.

¿Cuidarte te resulta sencillo y fácil? Probablemente, no. Significa que tienes que planificarlo y ponerte en primer lugar. Aunque cada uno lo hará a su propia manera.

En mi mundo, ponerme la mascarilla de oxígeno significa reservarme un tiempo para leer. Significa encontrar un hueco en mi agenda para hacer ejercicio cuatro o cinco veces a la semana. Significa no consultar los correos electrónicos laborales a partir de las siete de la tarde. Salir a tomar el aire unos pocos minutos a lo largo del día. Conducir como máximo dos horas seguidas y hacer luego un descanso de 15 minutos. También significa descansar bien por la noche y ver que sobrevivir durmiendo menos de seis horas cada día no quiere decir que sea un Supermán, sino un memo. Básicamente, significa pasar sobre todo momentos de diversión con mi familia y mis amigos.

Perlas de sabiduría para una gran vida

No esperes la llegada de momentos felices. Planifícalos.

¿Qué significa para ti ponerte la mascarilla de oxígeno tú primero? ¿Qué es lo que te infunde vida? Dedica un momento a pensar en las tres cosas que más te renuevan.

¿Cuándo fue la última vez que las hiciste?

Sean la que sean, conviértelas en una prioridad. Es decir: «*Planea tu felicidad*».

No la dejes en manos de la suerte, haz que ocurra en tu vida.

Y asegúrate de seguir las instrucciones de seguridad, no solo para volar de manera segura, sino también para llevar una gran vida.

5

Tienes todas las de perder

Me gusta estar a solas. Como paso mucho tiempo en hoteles debido a mis viajes laborales, y al menos un día a la semana me alojo en una cadena hotelera muy conocida, me pregunto si la promesa que les hacen a sus clientes de «Un buen descanso garantizado» incluirá un vaso de leche y un cuento antes de dormir.

Pero me gusta estar «a solas» hasta cierto punto. Llega un momento en que me canso de estar conmigo mismo y busco la compañía de los demás. Algunas personas necesitan relacionarse con la gente más que otras, depende de la personalidad de uno. Pero tanto si eres extrovertido como introvertido, los seres humanos somos sociables por naturaleza. Nos necesitamos unos a otros. En realidad, hemos nacido para establecer vínculos afectivos.

A medida que crecemos, vamos adquiriendo nuestro sentido de la identidad en el contexto de las relaciones que mantenemos. Nos comportamos basándonos en lo que observamos que hacen los demás, y aprendemos a reconocer quiénes son o no aceptables socialmente al fijarnos en las pautas sociales de los que nos rodean. Es decir, nos pasamos la vida comparándonos con la gente.

De modo que no creo que viajar desnudos sea una opción (aunque facilitaría y agilizaría una barbaridad el paso por el control de seguridad de los aeropuertos). Y aunque de niños pudiéramos arrojar la comida por todas partes y restregárnosla por el pelo a nuestras anchas, ahora la gente no se mostraría tan comprensiva si conserváramos esa costumbre en la adultez.

En un sentido, tenemos que compararnos con los demás. No podemos existir aislados de la gente. Hacerlo sería demoledor tanto para el desarrollo del aspecto social como del emocional.

Sin embargo...

Perlas de sabiduría para una gran vida

Los problemas aparecen cuando le damos demasiada importancia a estar comparándonos constantemente con los demás y dejamos que esta actitud predomine en nuestra vida.

Y, además, nunca ha sido tan fácil ni tentador llevarlo a cabo como en la actualidad. Hace 200.000 años nuestros antepasados formaban parte de un grupo de, como máximo, 150 individuos.

Pero ahora, con el auge de las redes sociales y de Internet, pertenecemos a una tribu de más de 7.000 millones de personas.

A decir verdad, los expertos sostienen que nuestra exposición a las redes sociales hace que seamos más proclives a sentirnos imperfectos e inseguros. Y esto nos puede ocurrir fácilmente, ¿verdad?

Cuando cuelgo una foto mía en las redes sociales, como hace la mayoría de la gente, no me pongo a buscar la foto en la que peor he salido (aunque tenga un montón de fotos horribles mías para elegir).

«Vaya, pondré como foto de perfil esa en la que se me ve la triple papada y mi flácido barrigón.»

Supongo que, como la mayoría de la gente, quiero poner una foto en la que haya salido favorecido. ¿Quién no lo desea? (Aunque no llego a los extremos de Kim Kardashian, cuyo secreto para sacarse una selfi es hacerse 300 y elegir la mejor.)

Pero algunas personas llegan incluso más lejos. Procuran presentar una versión *photoshopeada* de su vida que no muestra más que positividad. Aunque no es más que una cuestión de gustos, y en un mundo donde las noticias negativas están a la orden del día, es bastante motivador enterarte de lo bueno que ocurre en la vida de la gente.

Pero aquí está el problema.

Perlas de sabiduría para una gran vida

El peligro es que comparemos nuestra vida sin editar con la versión editada de la de los demás.

El problema es que no vemos todas las fotos del álbum, solo las que quieren que veamos.

Las fotos retocadas. Las que reflejan una imagen sumamente distorsionada de la vida de los demás.

El problema es que estar comparando constantemente nuestra vida con la de los demás no es una receta para sentirnos realizados ni felices.

Como hay 7.000 millones de habitantes en el pl tanto me da lo bueno que seas en algo, siempre habrá otra que te superará. Tal vez seas un tipo tremendamente atractivo, pero siempre habrá otro con unos abdominales más marcados y unos bíceps más grandes. Siempre habrá alguien más rico, más fibroso, más rápido que tú. Alguien más suertudo o talentoso.

Abandona esta actitud y bájate de la cinta de correr de las comparaciones, podría ser malo para tu salud mental.

Y si aún no lo has hecho, consulta el capítulo «Recuerda que estás bien». Y si ya lo has leído, vuélvelo a leer.

Perlas de sabiduría para una gran vida

Debemos reconocer que nuestra valía intrínseca no se basa en cómo nos evaluamos al compararnos con los demás.

No olvides que estás corriendo tu singular carrera, en el contexto de tu propia serie de circunstancias y tu historia personal. Y disfrutarás del viaje mucho más si inviertes tu energía en crearte una vida mejor y en añadir valor a la de los demás, en lugar de estar comparando constantemente tu vida con la del resto de los mortales.

CONSEJO PARA VIVIR A LO GRANDE

Empieza a apreciar quién eres, en lugar de lamentar quién no eres.

En resumen: cada minuto que pasas deseando llevar la vida de otra persona estás malgastando un minuto de la tuya.

Y hazte un favor, no compares el capítulo 3 de tu vida con el capítulo 28 de la vida de otro. Todos empezamos nuestro viaje desde distintos lugares y en distintas etapas, o sea que vive tu vida y deja que los demás vivan la suya.

Deja que los demás te inspiren. Tómate sus logros como un reto para ti, y recuerda que el triunfo ajeno no te convierte en un perdedor. Intenta *dar* lo mejor de ti, en lugar de sentirte solo satisfecho cuando *eres* el mejor.

Por último, hay dos cosas relacionadas con la cuestión de compararnos con los demás que he aprendido en el tiempo que llevo viviendo en este planeta.

En primer lugar:

> *Perlas de sabiduría para una gran vida*
>
> Tendemos a idealizar lo que no tenemos y a infravalorar lo que tenemos.

Yo que tú, volvería a leer esta frase, es muy importante que te des cuenta de ello.

En segundo lugar, el jardín del vecino tal vez parezca más frondoso que el tuyo, pero lo más probable es que lo haya abonado con estiercol. Y aunque no sea así, dedícate a regar tu propio jardín en lugar de envidiar el del vecino.

Este es mi «buen descanso garantizado».

¿Quieres vivir una gran vida? Empieza a labrarte una y deja de estar siempre comparándote con los demás. Porque tienes todas las de perder.

6

Dale un sentido a tu vida

Alfred Nobel fue un hombre con mucho talento: como químico, ingeniero, inventor y empresario.

Fue un tipo de lo más activo.

Sin embargo, de todos los papeles que desempeñó en la vida, era sobre todo conocido por haber inventado la dinamita. Y supongo que, si no hubiera ocurrido algo bastante extraño, habríamos conservado hasta el día de hoy esta imagen suya.

En 1888 Ludvig, el hermano de Alfred, murió. ¿Y qué tiene esto de extraño?, tal vez te preguntes. Pues nada.

Pero lo más curioso es que:

Al día siguiente, varios periódicos publicaron la esquela de Alfred en lugar de la de Ludvig.

Piensa en ello un momento. Debió de ser una experiencia bastante extraña abrir el periódico y no solo leer su propia muerte, sino además los comentarios de la gente sobre su vida. Y pese a los numerosos logros de Alfred, fue su invento de la dinamita el que acaparó los titulares.

Un titular resumió su vida con siete palabras: «*El comerciante de la muerte ha muerto*».

La esquela prosiguió diciendo: «El doctor Alfred Nobel, que se enriqueció descubriendo el modo de matar a la gente con más rapidez que nunca, murió ayer».

Vaya legado para dejar, ¿no te parece? Alfred Nobel, un hombre que nunca se casó ni tuvo hijos, sería siempre recordado como «el comerciante de la muerte».

Pero Alfred aún estaba vivito y coleando, y en cierto modo, al igual que Ebenezer Scrooge, el protagonista de *Cuento de Navidad,* había descubierto lo que la mayoría de nosotros nunca averiguaremos: lo que la gente piensa de uno después de haber muerto.

La lectura de la esquela le empujó a dejar un mejor legado. Quería ser recordado por algo positivo, y fue eso lo que le inspiró a donar la mayor parte de sus cuantiosos bienes, cuando falleció ocho años más tarde, para la creación de los premios Nobel. Sí, seguía siendo el inventor de la dinamita, pero ahora estaba dejando un legado distinto.

¿Qué tiene que ver esta historia contigo y conmigo? En realidad, mucho.

Estoy seguro de que la mayoría de nosotros, inmersos en la vida cotidiana como estamos, reflexionamos en pocas ocasiones, en el caso de hacerlo, sobre el legado que estamos creando, o sobre los recuerdos que conservarán los demás de nosotros cuando nos hayamos ido de este mundo. Supongo que es comprensible, pero tenerlo en cuenta puede sernos de gran utilidad.

A medida que me acerco a la mitad de los cincuenta pienso más a menudo en mi legado; incluso mi mujer y yo hablamos de nuestros funerales. Tal vez te parezcamos unos morbosos, pero eso me recuerda con sutileza que, por más años que vivamos en este planeta, no somos inmortales y que cada uno tiene una fecha de caducidad. Y, por desgracia, a algunos la fecha de caducidad les llega antes de lo esperado.

¿Qué tiene esto que ver con el éxito, la plenitud y la felicidad? ¿Cómo pensar en tu propia muerte te ayuda a llevar una gran vida? ¡Una buena pregunta!

Aquí tienes la respuesta:

> *Perlas de sabiduría para una gran vida*
>
> Las personas con un objetivo que les da sentido a su vida son las que más llenas se sienten.

Curiosamente, esto no depende de las circunstancias de la vida. He conocido a trabajadores de oenegés que han renunciado a las trampas del confortable estilo de vida occidental para ocuparse de algunas de las personas más pobres y desfavorecidas del planeta y que se sienten felices a más no poder.

¿La razón?

Tienen una meta en la vida, creen que están dejando huella y que su labor importa.

Y no es necesario hacer nada del otro mundo para alcanzar esta clase de plenitud. También conozco a personas mayores con nietos que le han encontrado un nuevo sentido y propósito a la vida. Mi amigo Matt se compró un perro hace poco y, aunque nunca haya perdido las ganas de vivir, es justo decir que desde que lo tiene camina con más brío.

También he conocido a personas increíblemente ricas que no le encuentran ningún sentido a la vida. Se dedican a pasárselo en grande, pero por más gustos que se den siguen sintiéndose vacías por dentro. Por lo que he sacado la siguiente conclusión:

Perlas de sabiduría para una gran vida

Lo que más satisfacción nos da no es el dinero que llevamos en el bolsillo, sino tener un objetivo en la vida.

El desafío es que (sin darnos cuenta) podemos saltar en un parpadeo a la cinta de correr de la vida y acabar viviendo con el piloto automático puesto.

Perlas de sabiduría para una gran vida

Podemos convertirnos en consumidores de cosas y en coleccionistas de experiencias sin pararnos a pensar demasiado en por qué hemos venido a este mundo.

Quizá ha llegado el momento de bajarnos de la cinta de correr por un instante y hacernos algunas preguntas importantes. Tal vez valga la pena que escribas las respuestas a las siguientes preguntas:

➡ ¿Qué clase de persona quiero ser? (Para responder a esta cuestión, piensa en tres cosas que te gustaría que la gente dijera de ti en tu funeral.)

➡ ¿Qué es lo que más me importa? (Recuerda que tu objetivo en la vida puede ser el papel que desempeñas en la vida de otras personas.)

➤ ¿Qué es lo que me interesa?

➤ ¿Qué es lo que me renueva?

➤ ¿Qué es lo que me enoja?

➤ ¿Qué es lo que más feliz me hace?

➤ ¿Cómo quiero comportarme conmigo mismo, con los demás y con el mundo de mi alrededor?

Como ves, es muy fácil quedar atrapado en las pequeñeces de la vida y perder de vista una perspectiva más amplia. Dar demasiado valor a lo secundario y pasar por alto lo que de verdad importa.

Tal vez solo sea cosa mía, pero me da la impresión de que en ningún funeral oirás decir lo siguiente:

➤ Tenía unos abdominales increíbles.

➤ Lucía unos bíceps espléndidos.

➤ No tenía ni un gramo de celulitis en el cuerpo.

➤ La cocina de su casa era espectacular.

➤ Sus dientes eran preciosos.

➤ Poseía un coche que pasaba de 0 a 100 kilómetros por hora en menos de tres segundos.

No estoy sugiriendo que todo lo que acabo de citar no sea importante. Estar orgullosos de nuestro aspecto y disfrutar de algunos de los placeres de la vida es estupendo. Pero creo que hay más cosas en la vida. Si para ti esto es todo lo que hay, de acuerdo. Pero para muchas otras personas hay algo más. Sobre todo cuando se paran a pensar en su vida y en lo que realmente importa.

De mis conversaciones con la gente que ha llevado una vida larga y plena he descubierto lo siguiente:

Perlas de sabiduría para una gran vida

Una gran vida no consiste en tener un montón de fruslerías, sino en gozar de innumerables alegrías.

Y, al parecer, la plenitud interior que sienten la mayoría de las personas no les viene por lo general de sus bienes materiales (por más atractivos que sean), sino de sus relaciones y de lo llenas que se han sentido con lo que han hecho en la vida, por más pequeño o insignificante que les parezca a los demás. (¡Oye, si vives solo y te ocupas de tu gato, esto te da una razón para seguir levantándote de la cama!)

Naturalmente, cada cual es distinto. No todos estamos haciendo el mismo viaje. Tu objetivo en la vida tal vez sea distinto del mío. Cada uno disfrutamos con distintas cosas, pero al final todos abandonaremos este planeta.

Para algunas personas aquí se acaba todo. En cambio, otras creen que al otro lado les espera algo incluso mejor. Pero, sean cuales sean tus creencias, asegúrate de vivir plenamente esta vida antes de irte al otro mundo.

Encuéntrale un sentido y un propósito a quien eres y a lo que haces. Parafraseando a Pericles, político y orador ateniense, no podemos olvidar que:

Lo que dejamos atrás no queda grabado en monumentos de piedra, sino tejido en la vida de otros.

Alfred Nobel cambió su legado cuando le dio un nuevo sentido a su vida. Y vivimos una gran vida cuando tenemos una meta que nos llena o cuando nos aseguramos de descubrirla.

Si hubiera un titular que resumiera tu vida en seis palabras, me pregunto qué pondría.

7

¿Andas escaso de alguna de las 7 ces?

Hay varias señales que indican que hemos llegado a la mediana edad. Un día me darás las gracias por avisarte de cuáles son. En mi caso, los lóbulos de las orejas se me han vuelto más velludos, las cejas más enmarañadas, y los pelos de la nariz me han empezado a crecer como locos. ¡Vaya, qué extraño todo junto!

¡Ah!, y también hay algo más. Comencé a visitar centros de jardinería con regularidad. Ahora sé que los viveros no son el reino exclusivo de las personas de mediana edad y de los ancianos, pero según mi experiencia tendemos a formar parte del grueso de visitantes.

Cuando compro una planta nueva he visto que va acompañada de una tarjetita. Básicamente, es una guía dirigida a los ineptos en jardinería que muestra cómo cuidar la planta para que se desarrolle y florezca. Cada tarjeta es distinta, depende de la planta. En este caso, un método único para cuidarlas a todas por igual no tendría sentido.

Se me ha ocurrido que sería maravilloso que, cuando conociéramos a alguien nuevo, esa persona nos ofreciera también una tarjeta en la que pusiera la mejor forma de tratarla. O que, cuando naciera un bebé, llegara con un manual de instrucciones personalizado bajo el brazo para saber cómo criarlo. La vida sería mucho más fácil, ¿verdad?

Aunque la realidad es que, en lo que respecta a las relaciones, salimos del paso apañándonoslas sobre la marcha, recibiendo consejos de los amigos para no meter la pata, y esperando que todo salga bien.

Por eso creé mi modelo de «las 7 ces para prosperar».

Tanto si estás criando a tus hijos o dirigiendo personas, como si solo quieres aprender a crecer interiormente y prosperar en la vida, y ayudar también a los demás a hacerlo, descubrirás que el sistema de las 7 ces va de maravilla.

Proviene de mis conocimientos de psicología y de recursos humanos, y de haber trabajado con más de mil organizaciones en el pasado. Es un método fácil que te ayuda a tener en cuenta siete factores para progresar en la vida. Aunque los puedes aplicar a cualquier aspecto de la tuya, te resultará más fácil analizarlos en el contexto del trabajo que realizas (sea remunerado o no). Si no trabajas, lee el capítulo de todos modos y observa cómo los siete factores tienen que ver con tu situación en particular. Toma nota mentalmente de los que más dominas, y también de aquellos de los que andas escaso.

Las 7 ces son las siguientes:

1. **Claridad.** Tienes claro lo que se espera de ti en el papel que desempeñas y por qué tu labor es importante. Tienes claro de qué manera tu papel contribuye a una panorámica más amplia. Y no necesitas adivinar qué se

espera de ti en términos de conducta o de rendimiento. Tienes claro qué es el éxito para ti, y también tu propósito.

2. **Competencia.** Tienes las habilidades, el conocimiento y la formación para desempeñar bien tu trabajo. Sabes cómo recibir apoyo cuando necesitas desarrollar tus habilidades. Es decir, eres bueno en lo tuyo.

3. **Confianza.** Confías en quien eres y en lo que eres capaz de llevar a cabo. Esta confianza no solo te viene de dentro, sino también de los comentarios de otros, en especial de tu jefe (en el caso de tener uno).

4. **Comodidad.** Te sientes cómodo y a gusto con las personas con las que trabajas. Formas parte del equipo y estás cómodo compartiendo tus ideas y expresando tus preocupaciones cuando lo consideras necesario.

5. **Compatibilidad.** Sientes que tu trabajo te plantea una cantidad adecuada de retos. Sabes que habrá otras etapas más ajetreadas o más tranquilas, pero en general no te sientes agobiado ni aburrido con el trabajo que desempeñas.

6. **Consideración.** Sientes que las personas de tu alrededor se interesan por ti y por tu bienestar. Notas que te valoran en lugar de pasar olímpicamente de ti. Sabes que, si tienes un bajón, te darán el apoyo emocional que necesitas.

7. **Control.** Tienes un cierto control en tu trabajo o en cómo lo desempeñas. Puedes pensar por ti mismo y seguir tus propias iniciativas y criterio. Aunque debas ajustarte a los procedimientos establecidos, puedes dejar tu huella en ciertos aspectos del trabajo. Tu jefe no te controla en exceso.

Reflexiona un rato sobre cada uno de estos siete aspectos. ¿Hay alguno al que debas prestarle más atención que al resto? Si tuvieras que puntuarlos en una escala del 1 al 10 (1 = poca, 10 = mucha) en términos de satisfacción, ¿le darías a alguno menos de seis puntos? Si es así, ¿puedes solucionar el problema de algún modo, o hablar quizá con alguien del tema?

Llevo un par de años aplicando este sistema en las organizaciones y ha demostrado ser de gran valor para ayudar a las personas a reconocer los aspectos que necesitan trabajar para sentirse satisfechas en el trabajo y rendir más. Facilita en gran medida la comunicación entre los jefes y el equipo que tienen a su cargo. También les ayuda a descubrir por qué no acaban de sentirse satisfechas con el papel que desempeñan, y les permite resolver el problema y encontrar la mejor solución.

Perlas de sabiduría para una gran vida

Somos como las plantas. Solo progresamos en ciertos ambientes.

El modelo para prosperar de las 7 ces sirve tanto para la comunicación como para la reflexión. Si deseas conocerlo más a fondo, sobre todo en relación con el trabajo, entra en www.thrivethesystem.co.uk.

También puedes aplicarlo de forma más amplia a la vida cotidiana. Trabajar con las 7 ces te ayudará a sentirte más satisfecho. Una puntuación baja en cualquiera de estos aspectos puede explicar por qué no te sientes lleno o feliz en la vida. Por ejemplo, sacar una puntuación baja en el aspecto de la «Claridad» te indica que no sabes por dónde tirar o que necesitas encontrarle un sentido a la vida. Una puntuación baja en el aspecto de la «Consideración» refleja que no te sientes valorado o que no tienes a nadie a quien recurrir para recibir apoyo emocional.

Si se adapta, también es una herramienta que se puede aplicar a los niños para crear un ambiente y unas relaciones que les ayuden a crecer y progresar. Y si tenemos hijos, podemos además usarla para ver en qué aspectos necesitamos recibir apoyo. Por ejemplo, ninguno hemos nacido siendo unos progenitores excelentes. Tal vez necesitemos recibir ayuda y consejos en este sentido, lo cual nos podría ayudar de paso a confiar más en nosotros mismos.

Si has obtenido una buena puntuación en los siete aspectos, enhorabuena. Tu objetivo será entonces ver cómo puedes seguir manteniéndola. Y si en algunos aspectos has sacado una puntuación baja, tienes ahora la oportunidad de hacer algo al respecto. Si decides no emprender ninguna acción, serás como una planta que, aunque esté sana, se desarrollaría mucho más si recibiera los cuidados adecuados y estuviera en el ambiente idóneo. Al fin y al cabo, es tu vida y tu vocación, pero espero de verdad que las 7 ces os ayuden tanto a ti como a los demás a progresar en la vida.

Es cierto, estoy harto de peinarme las cejas.

8

Tatúatelo en el torso

Mi hija Ruth y yo tenemos una personalidad parecida. Ambos disfrutamos siendo el centro de atención, somos ruidosos y nos encanta conocer a gente nueva y viajar…, sobre todo a lugares soleados.

Sin embargo, somos diferentes en otros aspectos.

A mí los tacones, el maquillaje y los bolsos no me chiflan y mi tolerancia al alcohol es mucho más baja que la suya. También tengo muchos menos seguidores en Instagram.

Hay algo más que tenemos en común. Nos gustan las citas literarias, en especial las que te inspiran y te hacen cavilar. Hay una de la ya fallecida novelista francesa Anaïs Nin que me gusta en especial:

No vemos las cosas como son, sino como somos.

Sin embargo, se la cité mal a Ruth, mi propia versión dice: «No vemos el mundo como es, sino como somos».

A Ruth le encantó. Le gustó tanto que se la tatuó en el torso.

Me refiero a mi versión, y no a la de Anaïs Nin.

Lo siento, Anaïs.

Perlas de sabiduría para una gran vida

Es nuestra visión de la vida lo que determina lo que vemos.

O, en otras palabras, no creemos lo que vemos, vemos lo que creemos.

Te lo explicaré.

Uno de mis parientes de edad avanzada ahora vive solo tras haber perdido a su pareja, con la que llevaba casado 25 años. Hace poco, mientras charlábamos, me confesó: «El mundo es un lugar triste, tristísimo, Paul». Y, por desgracia, él lo ve así por la pérdida de su mujer.

Pero otra persona puede ver el mismo mundo que al él le parece triste como un lugar lleno de alegrías y oportunidades.

La realidad es que ni una visión ni la otra son correctas o erróneas. No son más que una visión.

Pero lo más curioso, por raro que parezca, es que el cerebro tiene la capacidad de encontrar aquello que busca. Es así indefectiblemente.

Por ejemplo, cuando queremos cambiar de coche, de pronto empezamos a ver la marca y el modelo que pensamos comprar por todas partes, ¿te has fijado? O, si ponemos nuestra casa en venta, empezamos a advertir carteles de «Se vende» en cualquier lugar. Y si vamos a tener un hijo, vemos a mujeres embarazadas por todas partes y de pronto nos percatamos del mundo de los bebés, ¿no es cierto?

En resumidas cuentas, empiezas a ver lo que es importante para ti. Y también comienzas a percibir aquello que crees sobre el mundo.

Lo mismo ocurre en cuanto a cómo te ves a ti mismo. Por ejemplo, algunas personas, por una gran variedad de razones, se ven como víctimas del destino y de las circunstancias y perciben el mundo como un lugar injusto. Y como se ven de este modo, creen que no pueden hacer nada para mejorar su situación.

¿El resultado?

La vida se vuelve una profecía autocumplida.

Perlas de sabiduría para una gran vida

Si elegimos centrarnos en lo que nos hace sentir desdichados o insatisfechos, el cerebro nos obedecerá sumisamente y buscará pruebas que respalden esta visión.

Pero la buena noticia es que el cerebro también nos ayudará a ver los aspectos buenos y positivos de la vida, si eso es lo que buscamos.

¿Por qué el cerebro no percibe una visión completa y nos da un punto de vista equilibrado de la vida?

Una buena pregunta.

El hecho es que el cerebro solo puede advertir y retener una pequeña cantidad de información, de modo que para evitar sobrecargarse cognitivamente filtra la que considera irrelevante o poco importante. Por eso, si crees que el mundo es un lugar triste, el cerebro no te llevará la contraria exclamando: «¡Eh, alto aquí, hay un montón de cosas por las que sentirte agradecido y contento, te lo mostraré!»

El cerebro no funciona de esta manera.

Perlas de sabiduría para una gran vida

Desde la perspectiva de la supervivencia, el cerebro tiende por naturaleza a fijarse en lo negativo y a detectar cualquier posible amenaza. Su principal finalidad no es hacernos felices, es mantenernos vivos.

¿Cómo puedes contrarrestar esta tendencia? Pues, simplemente, procurando advertir lo positivo de la vida, de lo contrario no lo verás o no lo sabrás apreciar. Algunas personas son proclives a fijarse en el lado positivo de las cosas de manera natural, pero si eres como yo, no siempre es así.

Aunque se me conozca por ser un conferenciante motivacional o inspiracional, debo confesar que soy, por naturaleza y talante, un poco negativo y que tiendo a la ansiedad.

En una ocasión un humorista me describió como «don Cara Avinagrada» (aunque, para ser justos, acababa de enterarme de que el equipo del Millwall había ganado al del Bradford City en el estadio de Wembley). No soy como mi mujer, que, nada más despertarse por la mañana, ya desprende un aire de alegría y de dicha (aunque lleve casada conmigo más de 30 años).

En realidad, me esfuerzo por ver el lado bueno de la vida y me recuerdo que debo sentirme agradecido por todo lo que tengo. Por eso ahora pongo tanta pasión en lo que digo en mis charlas y en lo que escribo. Sé que esta actitud funciona. He experimentado los beneficios. Si no lo hiciera, no sería más que un pobre tipo deprimido de Manchester.

Así que lo que te hace feliz no es tu vida, es lo que tú piensas de ella.

Si ves el mundo como un lugar triste, lóbrego y deprimente, para ti lo será.

Si lo ves como un lugar palpitante lleno de oportunidades y de belleza, esto será lo que encontrarás.

Perlas de sabiduría para una gran vida

«Cuando cambias tu forma de ver las cosas, las cosas que ves cambian.» Wayne Dyer

Si no quieres tatuarte la frase «No vemos el mundo como es, sino como somos» en el torso, al menos grábatela en la mente.

Porque a lo mejor tu vida ya es una gran vida, solo que no te has estado fijando en las cosas positivas que están haciendo que lo sea.

9

Las toperas importan… inmensamente

Ed, un amigo mío y colega, es por lo general un tipo tranquilo. Se estresa por muy pocas cosas, pero hay una que le saca de quicio y le perturba a más no poder: cuando hablas de topos. (Me refiero a esos roedores de cuerpo rechoncho y hocico afilado.)

A mí los topos, con su pelaje aterciopelado, sus ojos diminutos y sus delicadas patitas, me parecen más bien monos. Pero para Ed son odiosos. Lo que ocurre es que le apasiona la jardinería, y cuando se mudó a su nueva casa estaba orgullosísimo de su césped inmaculado.

Hasta que el topo Mickey y sus compañeros aparecieron.

Empezaron a hacer, simplemente, lo típico de los topos: comer lombrices, abrir galerías subterráneas y, por supuesto, crear toperas. Pero para Ed fue una declaración de guerra en toda regla. Esos animales tan pequeños estropearon el césped inmaculado de Ed, aunque las madrigueras que excavan no sean gran cosa.

La experiencia de Ed me hizo pensar que los pequeños actos pueden producir un gran impacto.

Pero a menudo nos animan a creer que, si queremos que nuestra vida cambie realmente, debemos hacer unos cambios importantes. A decir verdad, en algunos círculos incluso se mofan de los cambios graduales. Y hasta cierto punto, entiendo por qué tienen esta actitud.

Mi compañero John es una de esas personas.

Quería adelgazar y decidió que hacerlo poco a poco no le motivaba lo bastante. Así que se prometió impulsivamente no volver a comer nunca más carne ni chocolate. Y fue fiel a su palabra.

Durante cuatro días.

Antes de darse cuenta, ya estaba comiendo de nuevo jugosos bistecs y devorando tabletas de chocolate como si fueran a declararlas un producto ilegal en cuestión de nada.

Creo que este es el dilema que muchos afrontamos. Queremos tocar el cielo con las manos al fijarnos metas de grandes proporciones que esperamos cumplir entusiasmados, pero al cabo de poco nos desmoralizamos por no progresar y arrojamos la toalla.

En cambio, los progresos paulatinos y regulares no nos entusiasman. Y, sin embargo, podrían, sorprendentemente, hacernos felices.

¿Lo pones en duda? Compruébalo tú mismo.

Las investigaciones realizadas por Teresa Amabile, profesora en la Universidad de Harvard, indican que las personas que alcanzan con regularidad pequeños logros en la vida tienden a sentirse un 22% más satisfechas que aquellas a las que solo les entusiasman las metas de gran calibre. Nos convencemos de que seremos felices cuando alcancemos un logro hercúleo, pero no siempre es así.

En realidad, hay innumerables evidencias que respaldan la idea de que las toperas importan.

En el best seller *Cambia el chip: cómo afrontar cambios que parecen imposibles* (un libro magnífico, por cierto), Dan y Chip Heath hablan de la importancia de «reducir los cambios» para que sean realizables, y recalcan además la necesidad de perseguir victorias rápidas, por pequeñas que sean.

La realidad es que nada nos motiva más que el éxito.

Perlas de sabiduría para una gran vida

Pensar a lo grande tiene su magia, pero los pequeños éxitos también son alentadores.

Según mi experiencia, son las pequeñas victorias las que, además de darnos empuje, nos motivan a seguir progresando.

A mí me funcionó de la siguiente manera.

Desde niño he estado soñando con escribir un libro. A los seis años les dije a mis compañeros de clase que escribiría uno titulado *La muerte no morirá*. Salta a la vista que era un niño que creía en sí mismo, aunque un tanto morboso.

Así es que, ¿por dónde empecé mi búsqueda de realizar mi gran sueño y convertirme en un escritor con obra publicada? Empecé a perseguir mi gran sueño de ser un escritor famoso siguiendo el sistema de las toperas. Escribía cartas a los periódicos y artículos en la revista estudiantil. En la universidad redacté y diseñé material publicitario para eventos. Al público le gustaba lo que escribía. Los periódicos publicaron mis cartas.

Sin embargo, no publiqué mi primer libro hasta los 31, al cabo de 25 años de haber empezado a decir que quería escribir uno.

No digo que tengas que estar al pie del cañón durante 25 años para alcanzar tu objetivo, pero deberás empezar a perseguirlo en algún momento de tu vida, y recordarte que las toperas cuentan.

En la jerga deportiva, entrenadores como David Brailsford y Sir Clive Woodward llaman «ganancias marginales» a los pequeños cambios que se van acumulando poco a poco hasta marcar al final una gran diferencia. Muchos empresarios han adoptado el método Kaizen, una técnica japonesa que consiste en ir progresando constantemente a base de pequeños cambios que cada vez tienen más peso. Se practicó por primera vez en el mundo japonés de los negocios tras la Segunda Guerra Mundial, y es una filosofía que ahora se ha propagado por todo el mundo y que tiene un gran éxito.

Perlas de sabiduría para una gran vida

Las acciones pequeñas, pero constantes, se van acumulando a lo largo del tiempo.

Aquí tienes otro ejemplo de mi propia vida sobre el poder de las pequeñas acciones.

Creo que tengo dos superpoderes. En primer lugar, a veces parezco invisible, sobre todo cuando estoy en un bar esperando a que me sirvan una consumición. Por más que espere que venga el camarero, por lo visto para él no existo.

El segundo superpoder es que engordo en un abrir y cerrar de ojos (aunque sepa disimularlo de maravilla con la ropa adecuada). Mi metabolismo es más que lento; en realidad, parece estar en huelga la mayor parte del tiempo. Llevo haciendo dietas a temporadas desde los once años y he visto cómo perdía peso y volvía a ganarlo con rapidez.

Hace cinco años me di cuenta de que no solo hablaba sobre SUMO, sino que, si seguía con mi elevada ingesta de hidratos de carbono, correría el peligro de empezar a parecerme a uno de esos luchadores (y, hablando en serio, mostrarme en paños menores, no me favorece).

Pero este era mi problema: me había desilusionado con las dietas.

De modo que decidí cambiar de estrategia y seguir el método de las toperas. Fui a por las pequeñas victorias.

Mi talón de Aquiles es que el pan me chifla. Como un montón de pan, sobre todo si en casa quedan unas pocas rebanadas a punto de caducar.

¿Por qué?

Porque detesto tirar comida.

Mi pequeña acción para consumir menos pan fue comprar pan cortado en rebanadas y congelarlo, y como normalmente lo ingiero tostado, esto no supuso ningún problema. Y cuando quiero comer un sándwich, descongelo un par de rebanadas. Solo me toma 30 segundos.

También me he impuesto una regla cuando viajo y me alojo en un hotel: no comer nunca dos tostadas para desayunar. Con una y media me basta, no necesito tomar dos.

Otro pequeño cambio que he hecho en mi dieta ha sido reducir un poco la ración de cereales que tomo y darme solo de vez en cuando el capricho de comer patatas fritas, que engordan tanto, en lugar de hacerlo a diario por rutina.

Así es cómo el método de las toperas me ha ayudado a estar en forma.

Como me alojo en muchos hoteles que no tienen gimnasio, decidí hacer flexiones para mantenerme en forma. Empecé con 30. Ahora hago tres series de 30 la mayoría de días. En total, 90. Una cantidad que no es nada del otro mundo. Pero equivale a 630 flexiones a la semana, y 2.520 al mes.

Algunas acciones pequeñas, al irlas repitiendo, se van acumulando en cualquier aspecto de la vida que las apliques.

Me pregunto en qué aspecto de tu vida podrías aplicar este método.

Al fin y al cabo, avanzamos dando un paso tras otro. Adelgazamos perdiendo un kilo tras otro. Creamos un libro escribiendo una página tras otra. Establecemos una relación tratándonos un día tras otro.

Perlas de sabiduría para una gran vida

En un mundo obsesionado con la rapidez, no olvides que las cosas valiosas e importantes llevan su tiempo.

No estoy afirmando que este sea el único método para triunfar en la vida. Pero tal vez nuestra infelicidad y sensación de vacío vengan de marcarnos grandes metas sin saber cómo las alcanzaremos. Si este es tu caso, empieza fijándote pequeñas metas.

CONSEJO PARA VIVIR A LO GRANDE

Céntrate en el progreso, no en la perfección.

¿Quieres llevar una gran vida?

En tal caso empieza haciendo cosas pequeñas, aunque vitales, que tengas que realizar cada día. La mayor parte del tiempo, la vida cambia a base de pasos pequeños y constantes que nos van llevando poco a poco adonde queremos llegar.

Y esas pequeñas acciones se van acumulando.

Las toperas importan. Inmensamente.

Pero no se lo digas a Ed.

10

Por qué el miedo no es siempre tu enemigo

Recientemente me enteré por casualidad de una investigación que me pareció triste y al mismo tiempo sorprendente. Según una encuesta, solo el 13% de las personas se implican activamente en el trabajo al que se dedican. Me siento de lo más afortunado, ya que sin duda formo parte de este 13%. Mi trabajo es también mi pasatiempo. Me apasiona. Hace más de 30 años que estoy leyendo libros de desarrollo personal, no solo por mi trabajo, sino porque me gusta. También he oído a varios de los conferenciantes más importantes del mundo hablar del tema de la motivación y el éxito. Algunos han estado a la altura de su fama, y otros, no tanto.

Sea cual sea la calidad del conferenciante, cuando se trata del tema del éxito, todos parecen tener algo en común: no le ponen las cosas fáciles al «miedo». El mensaje típico parece ser que si logramos vencer nuestros miedos, alcanzaremos lo que nos propongamos en la vida.

Es un tema inspirador y de verdad creo que oír a esta clase de conferenciantes ha ayudado a muchas personas, al menos a corto plazo. Nunca voy a rechazar la oportunidad de recibir una buena dosis de positividad. Pero la cuestión es la siguiente:

No estoy seguro de que el miedo sea siempre un mal tipo.

Lo que nos impide alcanzar nuestro potencial y vivir a lo grande es una multitud de factores. No creo que seamos unos tristes perdedores simplemente por habernos sentidos asustados e incómodos en ciertas situaciones de la vida. En realidad, te voy a sugerir lo contrario.

En lugar de ver el miedo como tu enemigo, descubrirás que vale la pena verlo como tu amigo. Pero con una advertencia:

Como ocurre con cualquier amistad, tienes que entender la complejidad de la relación que mantienes con esta emoción.

¿El miedo puede entonces ser tu amigo? ¿De verdad?

Sí. Te lo explicaré.

Para hacerlo, te presentaré a un par de personajes procedentes de mis libros anteriores. Bob y Frank.

En pocas palabras, Bob y Frank vivieron hace más de 100.000 años. Pertenecían a una tribu llamada *Homo sapiens*. En mis libros, Bob es un optimista que se lo toma todo con tranquilidad. Apenas le da miedo nada. Pocas veces se preocupa por algo, salvo si se ha pasado varios días sin comer. Incluso en ese caso, está convencido de que su suerte cambiará, y si no es así, está seguro de que su mujer Brenda le preparará uno de sus famosos guisos a base de bayas y hierba seca, cocinado con el caldo de huesos del mamut lanudo que mataron unas semanas atrás.

Frank, en cambio, no se parece en nada a Bob. En realidad, es lo opuesto a su amigo.

Cuando salen en una partida de caza siempre se pone muy tenso. Es una persona sumamente cautelosa. Algunos dirían que es de los que ven el vaso medio vacío, y otros incluso no estarían seguros de que ni siquiera tuviera un vaso.

Su segundo nombre es Alerta. (Sus padres se pasaron años discutiendo sobre este tema.)

Cuando Bob y Frank salen a cazar juntos, Bob está seguro de que, si un depredador los ataca, irá a por Frank al ver el miedo reflejado en sus ojos.

Adelantémonos unas semanas.

Estamos en un funeral.

Es el de Bob.

Brenda, su mujer, se limpia una lágrima rodándole por la mejilla mientras Frank pronuncia unas palabras sobre su amigo, que ha muerto hace poco.

«¿Alguien quiere la camiseta "Sin miedo" de Bob?», les pregunta al resto de miembros de la tribu.

Por lo visto, Bob tenía un problema con la arquitectura de su cerebro. Su constante actitud relajada y optimista ante la vida fue en realidad la receta para su muerte. Lo convirtió en una presa fácil para los macairodos, o en una sabrosa comida para los mamuts lanudos.

Frank, en cambio, tuvo más suerte. Sus antepasados le habían transmitido la protectora emoción del «miedo».

Frank nunca se puso la camiseta de «Sin miedo» de Bob. Prefería la que ponía:

«Prefiero ser miedoso y seguir con vida antes que ser demasiado confiado y estar muerto».

(Es evidente que la frase no es tan corta ni concisa como la de Bob.)

Seamos claros. Nuestra relación con el miedo se ha desmadrado un poco en los últimos años, pero su objetivo original era alertarnos del peligro y prepararnos el cuerpo para un posible ataque o amenaza. La conclusión es la siguiente:

Perlas de sabiduría para una gran vida

Como especie, no nos hemos extinguido gracias al miedo.

Al fin y al cabo, el miedo es una emoción normal, pero por desgracia hay momentos en los que se vuelve un amigo bienintencionado, aunque bastante dominante. Puede ser hipersensible, y si lo alimentamos con demasiadas noticias negativas no hará más que volverse más poderoso y condicionarnos cada vez más.

Sin embargo, vivir la vida sin una pizca de miedo no tiene sentido si queremos vivir muchos años, claro está.

Quizá ha llegado el momento de ser un poco menos duros con nosotros mismos y de aceptar que sentir un cierto miedo no es una señal de debilidad, sino de estar vivos. El miedo es una emoción que nos impide hacer estupideces y poner nuestra vida en peligro.

Esta es la buena noticia, pero el problema es que algunos miedos son totalmente irracionales y pueden impedirte que le saques el máximo partido a tu vida.

¿Cómo puedes saber si el miedo te ayuda o te entorpece en la vida? Para responder a esta pregunta usaremos el método FEAR («miedo», en inglés).

Piensa en una situación de tu vida que te produzca miedo o ansiedad y luego sigue cada uno de los pasos.

Fíjate en ella. Aclara cuál es el problema, no te evadas de él. Sácalo a la luz. Incluso puede que ponerlo por escrito te ayude a hacerlo.

Examínala. ¿De dónde te vienen los sentimientos que estás teniendo? ¿Te preocupan las opiniones de los demás? ¿Ser rechazado? Tómate tu tiempo para analizar de dónde te vienen tus sentimientos. ¿Están justificados o son desproporcionados?

Acéptala. En ciertas situaciones, es totalmente normal sentir ansiedad y un subidón de adrenalina. No rechaces esta reacción, acéptala.

Replantéatela. Pregúntate: «¿Cómo puedo ver el problema de otra manera?» o «¿Dentro de seis meses seguirá siendo tan importante como ahora?» Tal vez hablar del tema con otras personas y conocer su punto de vista te ayude a reconsiderar la situación.

El miedo es un tema importante y este capítulo es demasiado corto para tratarlo a fondo. Si ves que esta emoción te está afectando en exceso en la vida, recurre a la ayuda de un profesional.

No olvides que:

Perlas de sabiduría para una gran vida

El principal objetivo del miedo es protegerte, solo ten cuidado de que no te domine.

Como dice el aventurero Bear Grylls:

Ser valiente no es no tener miedo. Ser valiente es tener miedo y, aun así, no dejarte dominar por la emoción.

Considéralo un amigo bienintencionado y no tu enemigo. Si quieres vivir a lo grande, asegúrate de que el miedo viaje en el asiento trasero en tu vida, no le permitas ir al volante.

11

No eches tus sueños a la papelera

El día en que firmé el formulario para dejar de cobrar la prestación por invalidez fue un momento trascendental para mí. Los tres años de enfermedad que dejaba atrás no solo habían dejado maltrecha mi situación económica, sino también mi autoestima. A principios de la veintena padecí una enfermedad sin síntomas visibles, y cuando la gente me preguntaba «¿A qué te dedicas?» y yo les respondía «En realidad no trabajo. Cobro una prestación por invalidez», me miraban desconcertados. ¡Qué alivio! Ya no me volvería a sentir incómodo por su reacción.

Pero las cosas habían cambiado. Me encantaba decir que era mi propio jefe, e incluso me sentía mejor aún cuando respondía lleno de orgullo: «He montado un negocio».

Sin embargo, la realidad era que no tenía clientes, dinero ni ningún equipo. Mis oficinas internacionales se encontraban en un dormitorio. Contaba con un viejo escritorio, un teléfono y una cama de matrimonio. La empresa era todo un reto. Sobre todo para Bob y Linda, los que usaban la cama.

Trabajar por cuenta propia no fue fácil. Por la mañana no había ningún equipo de empleados esperando que les dijera lo que tenían que hacer, ni colegas con los que contrastar mis ideas. No había nadie con quien despotricar del jefe, ni del horrible café que dispensaba la máquina de las bebidas. Solo estaba yo.

Para combatir esta solitaria existencia devoré libros motivacionales y estuve escuchando durante horas casetes de autoayuda. (¡Te estoy hablando de hace un montón de años! Pregúntale a tu madre o a tu padre lo que era un casete.) Una frase que leí se convirtió en mi mantra: «*carpe diem*: aprovecha el momento». De hecho, incluso la escribí en negrita con letras grandes en una cartulina blanca y la colgué en la pared del dormitorio que hacía a su vez de despacho.

Al cabo de varios años seguía en el mismo despacho equipado con una cama de matrimonio, sentado ante el mismo escritorio. Pero esa mañana en particular me sentía como un niño pequeño en Navidad. Estaba leyendo la información que me acababa de enviar por correo una empresa que imparte seminarios públicos en el Reino Unido, Estados Unidos y Asia. Querían contratar a algunos conferenciantes autónomos para que ofrecieran los seminarios. Los temas eran la excelencia en el servicio a los demás, la gestión del tiempo y el liderazgo. Su forma de enfocar los negocios, las oportunidades que ofrecían y la clase de conferenciantes que andaban buscando me encantaron.

Pero al llegar a la última página, en la que solicitabas trabajar con ellos, vi que ponía: «*Para presentarse como candidato, tiene que enviarnos un vídeo de una hora de duración en el que aparezca, si es posible, hablando ante un público de 50-100 personas. Si no dispone de esta clase* de vídeo, *probablemente aún no está preparado para formar parte de nuestra plantilla»*.

Es asombroso lo rápido que las emociones pueden cambiar. Me sentía como si acabara de descubrir que mi regalo preferido que había recibido en Navidad hubiera llegado sin pilas.

Me pedían un vídeo de una hora, pero en aquel tiempo no disponía de uno en el que estuviera hablando ni siquiera durante cinco minutos. Impartía pequeños talleres, pero como máximo eran grupos de doce personas. Me quedé con el ánimo por los suelos.

Eché el formulario de solicitud a la papelera. Ese trabajo no estaba hecho para mí, me dije. Decidí llamar a mi mujer esperando que me ofreciera un cierto consuelo. Mientras me disponía a hacerlo, advertí de pronto las palabras «*carpe diem*: aprovecha el momento» en la pared. Al mirar la papelera, me vino este pensamiento a la mente:

¿Había descartado esa oportunidad demasiado deprisa?

Probablemente no era así. Pero la cita hizo replantearme mi decisión de algún modo. Era una oportunidad fantástica. Si me hubieran pedido que escribiera el trabajo con el que soñaba, este era casi clavado.

Decidí aprovechar el momento.

Recuperé la información de la papelera y volví a leer la última página. En cierto modo, nada había cambiado. Seguían pidiéndome un vídeo de una hora en el que apareciera dando una conferencia ante una gran audiencia. Pero, en otro sentido, algo había cambiado. Y mucho.

Mi actitud.

Volví a leer las mismas palabras, pero ahora buscaba una razón para solicitar el trabajo, en lugar de una para descartarlo. Advertí una palabra que antes me había pasado por alto: «en el que aparezca, *si es posible,* hablando ante un público de 50-100 personas».

Recuerdo que pensé: «Paul, no vives en un mundo perfecto».

Así que alquilé una sala y llamé por teléfono a mis amigos para invitarles a un taller motivacional de una hora de duración sin coste alguno. Los soborné ofreciéndoles comida y alcohol gratis.

Tras llamarles, un par me dijeron que vendrían.

Me las ingenié también para reunir a varios miembros de mi familia, ahora contaba con un total de ocho asistentes. Ofrecí el taller y Helen lo grabó con una vieja cámara de vídeo que parecía que fuera la que Adán hubiera usado para grabar a Eva comiendo manzanas. (Todo esto ocurrió mucho antes de la aparición de los teléfonos inteligentes.)

Les envié el vídeo acompañado de una carta de presentación en la que les explicaba que la charla que estaban a punto de ver la había grabado para solicitar el trabajo, pero que estaba convencido de ser un buen conferenciante.

Acabaron siendo mi cliente principal.

Varios años más tarde, volví a contar la historia en un desayuno de negocios en Londres. Cuando los asistentes ya se estaban yendo, un tipo se me acercó y me dijo: «Me ha gustado la historia final. Me voy directo a mi despacho para escribir una cita en un papel y colgarla en la pared, al lado del ordenador».

«¿*Carpe diem?*», le pregunté.

«No... Es una buena cita, pero escribiré esta otra:

No dejes tus sueños en la papelera».

Aunque me parezca una frase un poco cursi, me pregunto cuántas veces pensamos en una idea, con un objetivo en mente, y luego, por un montón de razones, la echamos a la papelera.

Perlas de sabiduría para una gran vida

Es fácil dejar que la actividad frenética de la vida cotidiana nos desvíe de nuestro objetivo, nos distraiga o nos agobie.

Tal vez no era un sueño lo que has echado a la papelera, sino más bien una fantasía con la que soñabas. Quizá empezaste con buenas intenciones, pero después, debido al lento progreso o a los comentarios descorazonadores de los demás, te dijiste que el sueño no estaba hecho para ti y renunciaste a él.

Sea cual sea la razón, me pregunto si ahora es un buen momento para replantearte los sueños que has desechado. Quizá descubras que algunos se merecían ir a la papelera y que otros eran meras ilusiones, o que no se han materializado por no desearlos en el fondo lo suficiente.

Si es así, está bien, sigue adelante. Pero ¿y si notas dentro de ti algo que sigue dándote la lata para que alcances tu sueño?

Parafraseando a Zig Ziglar (un gran nombre, ¿no te parece?):

Al final del día no seas la clase de persona que dice: «Ojalá lo hubiera hecho, ojalá lo hubiera hecho, ojalá lo hubiera hecho». Sé la clase de persona que dice: «Me alegro de haberlo hecho. Me alegro de haberlo hecho. Me alegro de haberlo hecho».

Eso fue lo que Carole hizo.

Su marido era ciclista y estaba anhelando que ella le acompañara en algunas de sus aventuras de fin de semana. Pero Carole, solo de pensarlo, se bloqueaba mentalmente, estaba convencida de que nunca aprendería a montar en bicicleta. Sin embargo, me oyó contar la historia de no dejar los sueños en la papelera y decidió tomar medidas. Unos meses más tarde, me envió en un tuit una foto en la que aparecían ella y su marido montados en bicicletas.

Aunque no todos los sueños que persigues se harán realidad.

Yo soñaba con ser presentador de televisión. Pagué de mi propio bolsillo un curso para aprender a serlo. Grabé un vídeo corto promocional sobre mi trabajo como presentador de televisión. Hablé con profesionales del sector. Me alegro de haber perseguido ese sueño, pero en el fondo no lo deseaba alcanzar con la suficiente fuerza. El curso que seguí reveló que tal vez no me sentiría tan realizado con aquel papel como había creído en un principio. Y no pasa nada. No lo lamento. Ahora me dedico a lo que me apasiona. Pero al menos intenté hacerlo realidad.

¿Y qué hay de ti?

El éxito, la plenitud y la felicidad no se manifiestan misteriosamente de la nada. Surgen por haber estado haciendo algo y siendo alguien en especial.

Perlas de sabiduría para una gran vida

El futuro no es un lugar al que llegar, sino el lugar que conseguimos crearnos.

No hay ninguna garantía de que vayas a triunfar en lo que persigues, pero si nunca lo intentas, te garantizo que tendrás el fracaso asegurado.

Así que el primer paso es plantearte quizá los sueños que has descartado y, sea cual sea el resultado final, procura poder decir… «Me alegro de haberlo hecho».

12

No seas prisionero del pasado

¿Has notado hasta qué punto ciertos incidentes de la infancia se han quedado tatuados en tu mente para siempre? El primer beso. La primera canción o el primer disco que compraste. Tu día festivo preferido.

Nunca olvidaré la primera vez que fui al estadio a ver un partido de fútbol. El Manchester United jugaba en Old Trafford a principios de la década de 1970. Aquel día jugaba George Best. Me quedé maravillado por el grandioso campo de fútbol y los gritos enfebrecidos de la multitud. Todavía recuerdo como si fuera ayer la visión espectacular y el estruendo.

Nunca olvidaré tampoco lo que me pasó a los nueve años.

Me regalaron una bicicleta. No era nueva, pero tanto me daba. El cuadro estaba pintado en naranja, mi color favorito. Cuando me monté en la bicicleta por primera vez, me sentí entusiasmado. Salí a pedalear por la calle en la que vivía; vacilando al principio, pero al cabo de un rato ya circulaba con más seguridad.

Llevaba varios años sin montar en bicicleta, pero me sentí de maravilla al volver a agarrarme al manillar. Loco de alegría, pedaleé de vuelta a casa con una sonrisa de oreja a oreja en la cara, lleno de orgullo.

Sin embargo, mi padrastro vio la situación de otra manera muy distinta. Me había estado observando y convenció a mi madre para que le prohibiera al «gordo», así era como me apodaba, montar en bicicleta.

Y ya no volví a ir en bicicleta. Durante varios años.

Fue uno de los incidentes que viví a lo largo de los años que pasé con un padrastro que me maltrataba psicológica y emocionalmente.

Pero hubo muchos más.

No negaré que su conducta no me dejara una marca muchos años después de dejar él de formar parte de mi vida, porque me influyó.

Nadie es inmune a los efectos del pasado.

Aunque no me malinterpretes, no todas mis vivencias del pasado fueron malas. Pese a la gran inquina que mi padrastro me tenía, todavía recuerdo algunos recuerdos felices de mi niñez. Pero son los dolorosos los que me siguen acosando a veces.

Este es el reto:

Muchas personas, entre las que me incluyo, pueden seguir aferradas a sus malas experiencias y a sus heridas emocionales, y achacar el estado actual de su vida al pasado.

Entiendo por qué lo hacen. He pasado por esto. Lo he vivido en mi propia carne. Pero también estoy convencido de lo siguiente:

Perlas de sabiduría para una gran vida

Las cicatrices nos recuerdan lo que hemos vivido, y no adónde nos dirigimos.

La realidad es que nuestro pasado describe lo que ocurrió. Pero no define lo que *ocurrirá*. No olvides esta importante verdad.

Perlas de sabiduría para una gran vida

El pasado siempre formará parte de quien eres, pero no es el único factor que tendrá que ver con quien serás.

Si estás leyendo esto y has tenido un pasado especialmente difícil, tómate tu tiempo para asimilar lo que estoy diciendo. Nuestro objetivo es vivir una gran vida, no una vida perfecta. Es importante recordar que podemos ser prisioneros de los episodios y las vivencias del pasado, o reconocer que, aunque nos hayan afectado enormemente, no tenemos por qué ser esclavos de ellas el resto de nuestra vida.

Sé que no es fácil. Tal vez, al igual que me ocurrió a mí, necesites recibir orientación o alguna otra clase de apoyo de un profesional para que te ayude a gestionar tu dolor, pero puedes superarlo, te lo aseguro.

Perlas de sabiduría para una gran vida

Tal vez sea hora de ver que tu pasado no es una condena a cadena perpetua, sino una lección de la vida.

Las lecciones que aprendes no solo te ayudan a ti, sino que también ayudan a los demás. Y tu forma de superar las situaciones difíciles puede ser una fuente de inspiración para otras personas.

No me dejaron montar en bicicleta durante varios años y a lo largo de mis años escolares se burlaron de mí, y a veces incluso me humillaron por mi peso.

Pero lo más curioso es que ahora, 40 años más tarde, «El Tipo del SUMO» es el nombre de mi empresa. ¿Y mi logo? ¡Un tipo bastante corpulento montado en un monociclo!

Antes de acabar el capítulo, dedica un momento no solo a leer las palabras del escritor James R. Sherman, sino también a meditar sobre ellas. Escríbelas. Comprométete a memorizarlas. Espero que te inspiren tanto como me han inspirado a mí.

No podemos volver atrás y crear un nuevo comienzo, pero podemos volver a empezar y crear un nuevo final.

¡Qué poderosas son!, ¿no te parece?
Las palabras pueden cambiar mundos enteros.
Recuerda esto:
No te quedes anclado en el pasado.

En él no hay ningún futuro.

A lo mejor ha llegado el momento de liberarte del pasado y de aceptar y disfrutar la libertad del futuro.

13

Las dificultades de la vida te hacen más fuerte

Steve, mi amigo australiano, es un tipo sorprendente. Mientras escribo este pasaje se encuentra en las dos terceras partes de un viaje épico en motocicleta. Ya ha viajado en moto por Australia, Estados Unidos, Corea, Rusia (empezó en Siberia) y partes de Europa. El último tramo de su viaje transcurrirá por África, y lo lleva a cabo con el fin de recaudar fondos para la oenegé Water Aid y concienciar a la gente de la falta de agua.

Nos las ingeniamos para encontrarnos y ponernos al día en una parada que hizo en Londres (lamentablemente, su viaje épico no incluía gozar de los placeres de Warrington, mi ciudad natal).

Mientras charlábamos de su viaje, vi de pronto lo aburrido que hubiera sido nuestro encuentro si Steve me hubiera contestado: «Todo ha sido maravilloso. Ha hecho un tiempo excelente. La logística ha ido sobre ruedas. No te tenido ningún problema mecánico y todas las personas que he conocido han sido estupendas. Aunque haya estado viajando solo varias semanas, he disfrutado a cada instante de mi compañía y he ido en moto en todo momento con una sonrisa en la cara, sabedor de la suerte que tengo por estar haciendo lo que hago».

Si esta hubiera sido su respuesta, en un sentido me habría alegrado por él, pero en otro, para serte sincero, me habría llevado una decepción.

Y tengo la impresión que a él le habría pasado lo mismo.

No habrían habido «historias en las que uno las pasa moradas» de las que hablar. La conversación no me habría cautivado, su historia habría carecido de retos (salvo el de recorrer en moto todos esos kilómetros, claro está).

Parafraseando la expresión que mis hijos decían de pequeños, el viaje «habría estado chupado».

Pero esa no fue la experiencia de Steve.

Hubo momentos difíciles.

La soledad hizo mella en él en algunas ocasiones. En Estados Unidos, el tiempo, contrariamente a lo esperado, fue malo. En Rusia, los conductores parecían estar deseosos de cortarle el paso en la carretera y probablemente también la cabeza. Y en Siberia, se topó con algunos tipos «interesantes» que intentaron robarle la moto.

Y encima tuvo un problema con la policía en Corea del Sur, y la dificultad logística de tener que transportar la moto en barco hasta Tanzania.

Te lo aseguro, fue fascinante oír a Steve contar sus historias y hablar de los contratiempos con los que se topó.

La cuestión es la siguiente:

Una gran vida, llena de éxitos, plena y feliz, también incluirá algunas dificultades.

Perlas de sabiduría para una gran vida

Cuando más realizados solemos sentirnos es al enfrentarnos con grandes retos y superarlos.

Es decir, si no surgen dificultades, no hay historia.

En realidad, no siempre queremos que la vida «esté chupada».

Es agradable a veces, pero no siempre.

Si no hubiera dificultades, la vida nos parecería de lo más tediosa y vacía.

Son las dificultades las que nos hacen más fuertes.

Si practicamos un deporte, ¿cómo mejoramos en él? ¿Enfrentándonos siempre a jugadores que sabemos que venceremos o jugando contra contrincantes que son mejores que nosotros?

En la vida, las personas que luchan, pese a los contratiempos, son las que triunfan y las que admiramos. Comprenden que cualquier logro importante exige esfuerzo.

Hay muchas distintas clases de dificultades, como las dudas interiores, las enfermedades, las relaciones rotas, los problemas económicos, la publicidad negativa, los momentos de incertidumbre…, para nombrar unas pocas.

Te lo aseguro, sé de lo que estoy hablando.

El año 2015 fue a nivel personal una etapa especialmente difícil de mi vida. Hubo momentos en los que me sentí emocionalmente a punto de venirme abajo. Cuando nos reunimos con varios conferenciantes amigos míos al final del año, compartimos nuestros mayores logros de los 12 meses anteriores. Algunos afirmaron que había sido el año que más dinero habían ganado. Uno dijo haber firmado un contrato para la publicación de un nuevo libro. Pero mi logro fue, simplemente, este: «Mantener la calma cuando por dentro me estaba derrumbando».

Aquel año me ayudó a ser más fuerte. Hizo que estuviera más preparado para afrontar otros retos. Me hizo ver que, si había superado aquella situación tan difícil, podría superarlo prácticamente todo.

Y lo más interesante es lo siguiente:

Gracias a mi experiencia, ahora soy más compasivo con las dificultades de los demás.

Perlas de sabiduría para una gran vida

Ten en cuenta que detrás de la fama de alguien siempre hay una historia.

El éxito raras veces llega como caído del cielo, normalmente cuesta lo suyo alcanzarlo.

Admito que algunas dificultades vienen de la estupidez, la mala planificación y la imprudencia en la toma de decisiones. Pero a veces surgen, lisa y llanamente, al vivir con pasión y querer dejar huella en el mundo.

No olvides que puedes vivir una gran vida incluso en medio de las dificultades.

Aquello por lo que pasas, te hace madurar.

Las dificultades de la vida te hacen más fuerte... si se lo permites.

14

Ten el valor de dejarlo correr...
a veces

Siento una gran admiración por mi amigo Dave. Hace varios años batió el récord Guinness al memorizar 22.500 decimales del número pi. Se estuvo entrenando durante unos seis meses para ello. Le llevó más de cuatro horas recitar todos los dígitos (imagínate batir un récord de este tipo). Lo más interesante (aunque no creo que Dave hubiera usado esta palabra exactamente) fue que después de recitar 18.000 decimales se equivocó en uno. ¡Qué fastidio!

Tenía la opción de dejarlo correr y no batir el récord o de volver a intentarlo al día siguiente.

Al día siguiente volvió a intentarlo y se equivocó tres veces más. Decidió cambiar de estrategia, y al final batió el récord.

Dave, al igual que innumerables otras personas, se negó a rendirse ante esos reveses. Es un rasgo admirable que debemos adoptar si queremos triunfar en la vida. Tal vez incluso conozcas la cita motivacional: *«Un triunfador nunca abandona, y quien abandona nunca triunfa»*. Supongo que suena como un mantra maravilloso que podemos repetir, y tal vez lo sea. A veces.

Pero en ciertas situaciones creo que es una gran estupidez.

Te lo explicaré.

Mi amigo Steve quería coronar el Kilimanjaro. Su entusiasmo por la aventura era contagioso hasta el punto de que al principio creí que tal vez me uniría a él. Organizó caminatas los fines de semana, se documentó profusamente y, por lo visto, se leyó todos los libros habidos y por haber sobre el tema. Al final, tras decidir yo que mis poco fiables rodillas tal vez se las apañarían para llegar a la cima, pero que durante el descenso me podían fallar, decliné el ofrecimiento de unirme al grupo.

Unas semanas antes de la ascensión me topé con Steve y le pregunté cuántos días le quedaban para embarcarse en la aventura. Se sacó el móvil del bolsillo y me anunció con orgullo que le quedaban 16 días, 4 horas y 19 minutos. Había activado la cuenta atrás con el reloj de su teléfono inteligente.

Pero Steve nunca llegó a coronar el Kilimanjaro por más que lo deseara.

Tras haber estado hablando durante más de un año nada más que de ese tema, al final sufrió mal de altura y tuvo que dejarlo correr. Podía haber intentado coronar el Kilimanjaro de todos modos, pero se arriesgaba a poner en peligro su propia seguridad e incluso su vida. Dejarlo correr fue una decisión dura, pero sensata. Le admiro por tomarla.

También admiro al compañero de mi hijo por decidir dejar la carrera que había empezado. Simplemente, no era la adecuada para él. ¿Por qué persistir en una carrera que salta a la vista que no te gusta?

Sin embargo, la sociedad nos presiona para que perseveremos. Y lo entiendo, pero a veces no es un buen consejo, y para nuestra felicidad a largo plazo (a pesar del sufrimiento a corto plazo que nos cause), dejarlo correr es lo mejor que podemos hacer.

Como Dan y Chip Heath escriben en su libro *Decisive — How to Make Better Choices in Life and Work*: «En un momento de la vida, la virtud de perseverar se convierte en el vicio de negar la realidad».

Pero nuestra sociedad tiende a poner en un pedestal a personas como mi amigo Dave, que se negaron a rendirse y no cejaron en su empeño hasta alcanzar su sueño. A Steve, en cambio, pocas veces le piden que hable de su decisión de renunciar a ascender a la cima del Kilimanjaro.

Pero, ¿sabes qué?

Las investigaciones citadas en la *Harvard Business Review* demuestran que malgastamos cantidades enormes de tiempo y energía perseverando en metas poco realistas, un fenómeno conocido como «síndrome de la falsa esperanza».

Y hay algo más:

Hacer gala de un excesivo aguante puede empujarnos a soportar demasiadas adversidades, trabajos desmoralizadores o jefes despóticos hasta el punto de ser malo para la salud.

Perlas de sabiduría para una gran vida

Decir «Ya basta», o «Lo dejo correr» puede ser increíblemente liberador, en lugar de una señal de derrota.

Aunque no parezca el mensaje típico de alguien conocido por ser un conferenciante motivacional, ¿qué hay de malo en conocer nuestros propios límites y tener unas expectativas realistas? Esta clase de actitud significa que ni siquiera intenté ascender al Kilimanjaro, y que no se habla de Steve como de un aventurero que se negó a renunciar a su sueño y perdió la vida en el intento.

Tener el valor de dejarlo correr a veces nos ayuda a llevar una gran vida, sobre todo, por la siguiente razón: rendirte estratégicamente (es decir, de forma planeada y meditada) te permite centrarte en lo que de verdad es más importante en tu vida.

Perlas de sabiduría para una gran vida

Al dejarlo correr o decir no, puedes decir sí a algo mejor.

¡Quién sabe lo que esta decisión te permitirá gozar y alcanzar!

De modo que:

Cuando las cosas no te funcionen, ten el valor de admitirlo. Ten el valor de reconocer que estás tirando por un camino que, aunque les complazca a los demás, a ti no te llena. Ten el valor de ser la mejor versión de ti, en lugar de creer que tienes que emular a otros.

Renunciar a un sueño tiene consecuencias, claro está. Pero no te machaques. Busca consejo de una variedad de personas y piensa cuidadosamente en los siguientes pasos que darás. Asegúrate de tomar la decisión estratégicamente en lugar de dejarte llevar por tus impulsos.

Quiero dejarte claro mi mensaje.

Para llevar una gran vida debemos afrontar los contratiempos con aguante. Y negarnos a renunciar a un sueño y seguir perseverando puede ser tremendamente beneficioso para nosotros. No cabe duda de que son unas grandes cualidades.

Pero tener el valor de dejarlo correr también es muy acertado en algunas ocasiones. Demuestra que tenemos agallas, y además nos permite centrarnos en lo que realmente debemos hacer para llevar una gran vida. Al fin y al cabo, el final no es a veces el final, sino la antesala de un nuevo comienzo.

Dave y Steve. Dos historias distintas. Dos actitudes distintas. Dos resultados distintos.

Pero ambos siguen siendo felices.

En la vida no funciona afrontarlo todo siempre con la misma actitud. A veces los triunfadores saben cuándo abandonar, y los que abandonan perseveran hasta triunfar.

Y, si lo deseas, puedes citar esta frase de mi cosecha.

15

Quéjate si quieres...
pero solo un rato

Estaba entusiasmadísimo. Me sentía como si me hubiera enterado de que el Bradford City y el Wigan Athletic habían ganado el mismo día. Un periódico nacional iba a publicar por entregas mi último libro. No iban a citarlo brevemente, sino que lo publicarían a diario a doble página durante una semana.

Mi libro trataba de las preocupaciones, y aunque estuviera muy satisfecho con lo que había escrito, curiosamente me inquietaba un poco el hecho de si le gustaría al público tanto como los otros.

Pero ahora podía respirar tranquilo. Al parecer, tenía el éxito asegurado.

Mi editor también estaba tan entusiasmado como yo. Publicar un libro de este género por entregas estaba habitualmente reservado a gurús de la autoayuda del calibre de Paul McKenna. Ahora, por lo visto, le tocaba el turno a Paul McGee. Estaba seguro de que, al publicarse por entregas a diario en un periódico, acabaría convirtiéndose en un superventas.

Me sentía en el octavo cielo (el séptimo estaba lleno de otras personas dando saltos de alegría). En un sentido, mi vida seguiría siendo la misma de antes, pero mi editor estaba convencido de que, como el tema de las «preocupaciones» era tan actual, mi caché subiría como la espuma hasta tal punto que otros sectores de los medios de comunicación, incluida la televisión, también me llamarían. Intenté ocultar mi excitación ante el resto de mi equipo, pero por dentro estaba entusiasmado. Aquella noche lo celebré tomando una porción de pastel de vainilla acompañada con una cerveza, y además miré con mi amigo Dave el partido televisado del Bradford City contra el Crewe.

Sé cómo pasármelo en grande.

Pero de repente algo ocurrió. O, quizá para ser más exactos, algo no ocurrió.

El periódico cambió de opinión.

No publicarían mi libro por entregas. No hubo negociación alguna. Ni tampoco una segunda oportunidad. Paul McKenna ya no tenía nada de qué preocuparse, podía dormir tranquilo por la noche.

Me llevé una decepción tremenda. Me sentí peor que si el Crewe hubiera ganado al Bradford City por 1-0.

Y lo más curioso es que se me conoce por las siglas SUMO — Shut Up, Move On [que en inglés significan: «Cállate, Sigue Adelante»]. Supongo que eso es lo que debería haberme aconsejado a mí mismo, pero, ¿sabes qué? En aquel momento de mi vida no estaba preparado para hacerlo.

¿Qué era lo que deseaba en su lugar?

Revolcarme en el fango de la autocompasión.

Perlas de sabiduría para una gran vida

No siempre es fácil olvidarnos de un revés. No siempre estamos preparados para seguir adelante.

Al fin y al cabo, somos humanos y no máquinas. Podemos poner cara de contentos y fingir que todo nos va a pedir de boca, pero hay momentos en la vida (admito que no siempre es así) en los que hacerlo sería poco realista y, francamente, también poco saludable.

Perlas de sabiduría para una gran vida

Una gran vida no es aquella en la que no tenemos decepciones. La felicidad no es la ausencia de contratiempos.

Pero a veces nos animan a rechazar nuestra decepción y tristeza, ¿verdad?

Pues te aconsejo que no lo hagas.

Si necesitas observar tu tristeza, hazlo. Si necesitas desahogarte por no haber conseguido el ascenso con el que soñabas o el trabajo de tu vida, hazlo. Si necesitas llorar a lágrima viva por haber roto con tu pareja, hazlo.

Está bien quejarte un rato. Es normal tener un mal día de vez en cuando.

> **CONSEJO PARA VIVIR A LO GRANDE**
>
> No niegues tu dolor. A veces necesitas expresarlo
> en lugar de reprimirlo.

En esta clase de situaciones debemos tomar distancia. No estoy sugiriendo que montes una fiesta de «pobre de mí» por el tren que has perdido, por el punto negro que te ha salido en la nariz, o por la derrota de tu equipo de fútbol preferido.

Lo que digo es que hay momentos en los que es sano y necesario reconocer, aceptar y digerir las emociones que sentimos.

El mundo seguirá girando y la vida continuará su curso, pero tú tal vez necesites un espacio para quejarte durante un tiempo.

Sin embargo, lo siguiente es crucial:

Acepta que, aunque tengas todo el derecho a sentirte mal, es un estado de ánimo pasajero.

El sentimiento que estás experimentando forma parte de tu viaje vital, pero no es tu destino.

Quejarte está bien, pero no te lo tomes como una forma de vivir. Si fuera así, nunca llevarías una gran vida.

Mi libro *How Not to Worry* se publicó en abril de 2012. No lo presentaron a bombo y platillo en los medios de comunicación. Las ventas fueron bien, aunque no supusieron nada del otro mundo. Mis amigos me dijeron que era uno de los mejores libros que había escrito.

Y me quejé.
Por un tiempo.
Pero luego llegó la hora de seguir adelante.
Como nos ocurre a todos.

16

No todas las preocupaciones son en balde

Me encanta trabajar en Australia. Estoy orgulloso de decir que soy de Manchester y supongo que el noroeste de Inglaterra siempre será mi hogar, pero me fascinan las playas y el clima de Australia. El café australiano tampoco está nada mal.

Cuando estoy en Australia suelo oír con frecuencia la expresión: «No te preocupes».

Sea lo que sea lo que preguntes.

«¿Puedo pedir un taxi?»

«No te preocupes.»

«¿Puedo tomar los huevos poché?

«No te preocupes.»

«¿Puedes amputarme el brazo con un cuchillo y un tenedor?»

«No te preocupes.»

En muchos sentidos, esta actitud me encanta. Sin embargo, la realidad es que sí nos preocupamos. Y mucho. Incluso los australianos, pese a su lema preferido. Y salta a la vista que hacerlo puede impedirnos llevar una gran vida.

El tema de la preocupación me ha estado fascinando durante años. Hasta el extremo de escribir incluso un libro sobre esta cuestión. Siento curiosidad por las cosas por las que nos preocupamos, en especial cuando nos planteamos lo siguiente.

Si estás leyendo este libro y vives en lo que se describe como el mundo libre desarrollado, me gustaría hacerte tres preguntas:

¿Cómo te sienta ser una de las personas más ricas que han vivido en este planeta hasta ahora?

¿Cómo te sienta saber que tu esperanza de vida supera con creces la de cualquier otra generación anterior?

¿Cómo te sienta poder viajar en una semana a más lugares y descubrir más tesoros del planeta de los que la mayoría de las personas del pasado llegaban a ver en toda su vida?

Lo cierto es que, en una generación en la que el sentimiento de gratitud debería ser la emoción predominante, el miedo y las distintas clases de preocupaciones son lo que más abunda.

Por eso probablemente esperas que yo me suba al tren más bien abarrotado de los abastecedores de positividad y te diga que está mal preocuparse, que tienes que ser más agradecido en la vida y superar los malos momentos.

Aunque no es tan fácil como parece. Siento decepcionarte, pero hace ya un tiempo que no compro billetes para ese viaje.

Admito que preocuparse a todas horas es malo tanto para la salud mental como para la física, pero a veces hacerlo un poco durante un rato puede ser de utilidad.

Yo llamo a esta actitud «vale la pena preocuparse».

Te lo explicaré.

Cuando la parte primitiva del cerebro percibe una amenaza, libera adrenalina, noradrenalina y cortisol. Estas hormonas nos estimulan y llenan de energía de inmediato. Nuestro cuerpo se prepara para un posible reto.

Sin embargo, el reto percibido podría ser algo bastante trivial e incluso un peligro imaginado. Pero el cerebro lo tiene en cuenta por si acaso. Entramos en modo alerta, y a veces este estado es sumamente útil.

¿Por qué?

Porque puede empujarnos a actuar de manera positiva y constructiva.

Te lo ilustraré con un ejemplo.

Recientemente fui de vacaciones a Lisboa (si nunca has ido, vale la pena visitar esta ciudad) con mi familia y tomamos un vuelo matutino. Me encantan los vuelos mañaneros, llegas al aeropuerto a una hora de lo más temprana y tienes tiempo de observar a cientos de personas tomando un desayuno inglés completo acompañado de varias jarras de cerveza.

Y todos esos clientes forman parte, en su mayoría, de la tripulación de cabina.

El día anterior de ir de vacaciones con mi familia estaba trabajando en Glasgow y, aunque íbamos a volar desde Manchester, disponía de un montón de tiempo para llegar por la noche a casa y hacer las maletas.

O, al menos, eso creí.

Fue después de mantener una breve conversación telefónica con un cliente cuando vi que querían que diera una charla, antes de la cena, que acabaría alrededor de las 19.30.

De pronto, descubrí que el evento no tenía lugar en Glasgow, sino en un lugar de las afueras que quedaba a 32 kilómetros de la ciudad.

El último tren que me llevaba a casa salía a las 20.10.

Tenía aproximadamente 40 minutos para llegar a la estación después de dar la charla. Era realizable, pero iría justo de tiempo.

Supongo que mis amigos australianos me habrían dicho: «No te preocupes», y algunos gurús bien intencionados de la autoayuda me habrían aconsejado que si confiaba en el universo todo iría sobre ruedas.

Pero yo no estaba tan convencido de ello. En realidad, estaba preocupado.

No lo estaba de una forma histérica o irracional, pero temía que la logística no funcionara y que mi familia tuviera que volar sin mí a Lisboa a primeras horas de la mañana.

Pero la parte positiva es que mi preocupación me empujó a actuar.

En lugar de quedarme atrapado en una espiral de «¿Y si?» lleno de angustia, decidí preguntarme, simplemente, cómo podía mejorar la situación. La hora de salida del tren no se podía cambiar, pero quizá podía empezar y acabar la charla antes de lo acordado.

Así que me las ingenié para que mi cliente me permitiera empezar la charla 15 minutos antes de la hora fijada. Además, busqué otros trenes de otras estaciones escocesas con los que regresar a casa por si perdía el mío.

Y me relajé.

Había valido la pena preocuparme.

Mi preocupación me había empujado a actuar y a aplicar la técnica del «análisis *pre-mortem*».

> ### CONSEJO PARA VIVIR A LO GRANDE
>
> Realiza un *pre-mortem* imaginándote qué podría salir mal antes del evento y da los pasos necesarios para impedirlo.

Algunas personas quizá lo llamen ser pesimista, pero para mí significa estar preparado para un imprevisto.

Gracias a la actitud de «vale la pena preocuparse» y al «análisis *pre-mortem*», pude encauzar mi energía totalmente hacia mi trabajo, en lugar de entrar en pánico y perder el tren de vuelta a casa.

Aunque no me malinterpretes. Las preocupaciones pueden impedirte funcionar con normalidad y robarte la felicidad. No te estoy animando a preocuparte más de la cuenta. Pero…

Perlas de sabiduría para una gran vida

No te resistas siempre a preocuparte por alguna razón. Tal vez tu inquietud te ayude a fijarte en asuntos que puedes resolver si los planificas y preparas.

Lo cierto es que algunas preocupaciones son inútiles, porque no hay nada que puedas hacer para cambiar o mejorar la situación. Pero a veces vale la pena preocuparse.

Saber reconocer si una preocupación es inútil o si realmente vale la pena te permite llevar una vida más tranquila y, en definitiva, más feliz.

La charla se desarrolló bien y cogí a tiempo el tren de regreso a casa. Al día siguiente, lo celebré tomándome en el aeropuerto un delicioso bocadilo de beicon combinado con una jarra de cerveza, ya que, al igual que las preocupaciones, yo a veces también valgo la pena.

17

Destrona a la reina de los dramas

Debo confesarte algo. Cuando viajo en tren tiendo a escuchar disimuladamente las conversaciones de los pasajeros. Algunos hablan de una forma tan ruidosa que cuesta evitarlo, sobre todo mientras charlan por teléfono.

En algunas ocasiones incluso se me conoce por pedirle a mi mujer que hable más bajo cuando comemos en un restaurante para poder escuchar la jugosa conversación de la mesa de al lado, en especial si tiene pinta de acabar en una pelea.

Me temo que mi curiosidad natural saca lo mejor de mí y, para ser justo, mi mujer también puede quedarse absorta en la conversación de los comensales de la mesa de al lado.

¡Dime, por favor, que no somos los únicos que lo hemos hecho alguna que otra vez!

En esos momentos en los que fisgoneo, me llama la atención el lenguaje que emplea la gente para describir situaciones cotidianas.

¿Has oído alguna vez estas frases?

«Ha sido una absoluta pesadilla.»

«He tenido un día horrible.»

«Ya no lo soporto más.»

Supongo que si las has oído alguna vez no se debían a que el que se quejaba estaba ofreciendo ayuda a un país extranjero desolado por la guerra, o a que estaba visitando un campo de refugiados. Si eres como yo, habrás oído esta clase de frases en la vida cotidiana.

Y si te pareces a mí, probablemente también habrán salido de tu boca.

Por lo visto, muchas personas tendemos a ser melodramáticas. Después de todo, nos gustan un poco los dramas, y es una buena forma de dar vida a veces a algo de lo más cotidiano, como un lunes.

A algunas personas incluso les encanta provocar dramas en su relación para removerles las emociones a sus parejas. A veces yo las llamo «cizañeras». Les encanta meter cizaña, resaltar lo horribles que son las cosas e incitar a otros a sentirse más enojados y disgustados de lo que estaban por algún problema.

Si no estás convencido de que tales personas existen, observa, simplemente, unos cuantos comentarios de los que circulan por las redes sociales. Aunque, pensándolo mejor, no lo hagas, probablemente ya tienes bastantes problemas en tu vida como para añadirle más.

¿Son malos todos esos dramas que nos creamos?

Probablemente no si solo es algo esporádico.

Pero si los creamos con regularidad o incluso a diario, es posible que al condimentar demasiado nuestra vida nos calentemos la cabeza inútilmente.

Te lo explicaré.

Hacer una montaña de un grano de arena nos impide tomar distancia. Nuestras conversaciones internas y externas también aumentan nuestra ansiedad, por lo que nos preocupamos todavía más.

En esos casos, la vida se vuelve una batalla contra la que luchar en lugar de una vivencia de la que gozar.

Perlas de sabiduría para una gran vida

Nuestra forma de ver las situaciones y de hablar de ellas puede debilitarnos por dentro y socavar nuestra capacidad para afrontarlas.

Tal vez así es como queremos vivir la vida. Viéndonos como una víctima indefensa, batallando constantemente contra las tribulaciones del día a día.

Pero esta actitud no nos ayuda a crear una gran vida.

Perder el tren es frustrante, pero no es el fin del mundo.

El que tus amigos se hayan olvidado de tu cumpleaños no es una catástrofe terrible.

¿Y el nuevo tatuaje de tu hijo? Oye, que ya tiene cinco años, necesita tomar sus propias decisiones en la vida.

No olvides estas tres cosas tan importantes:

➡ **Los problemas no duran para siempre.** Recuerda la frase: «Esto también se acabará un día».

➡ **Los problemas no están por todas partes.** El hecho de que te vayan mal las cosas en un aspecto de tu vida no significa que vayas a tener problemas en todos los otros.

➤➤ **Los problemas no son personales.** Es fácil creer que eres el único que se ha topado con ese particular problema o revés. Pero te aseguro que no es así.

No estoy sugiriendo que niegues o reprimas tus sentimientos. Procura solo no exagerar lo horrible que es la situación ni perder la perspectiva.

Hazme caso, esta actitud no es una receta para el aguante.

Perlas de sabiduría para una gran vida

Cuando magnificamos los contratiempos, la comprensible tristeza que sentimos se convierte en una autocompasión inútil.

Sí, sé que hay días horribles y situaciones que son una auténtica pesadilla, pero por suerte se dan en contadas ocasiones.

Si quieres sentirte un poco más feliz en la vida, destrona a la reina de los dramas.

¡Ah!, y si piensas pelearte con tu pareja en un restaurante, comprueba quién está sentado en la mesa de al lado. Y no te olvides de saludarle con la mano.

18

Toma distancia

«¿Puede confirmarme que no podremos ponernos en contacto telefónicamente con usted ni con ninguno de sus vecinos?»

«Así es», repuse.

«En ese caso, si hubiera alguna complicación durante la operación de su mujer, o si se diera una situación de vida o muerte, le enviaríamos a un agente de policía a su domicilio para que se lo comunicara», me indicó la enfermera de manera un tanto inquietante.

Era a finales de la década de 1980. La época en que los medios de comunicación estaban obsesionados con el último modelo de la princesa Diana, y cuando los móviles eran tan inusuales como un día caluroso de verano en Manchester.

Helen, mi mujer, había entrado de urgencias en el hospital por un ataque de apendicitis. Los médicos temían que se le pudiera romper el apéndice, y me aseguraron que era un problema muy molesto que podía ser peligroso. Como yo era el familiar más cercano, si algo iba mal se pondrían en contacto conmigo.

Aunque no creían que fuera necesario mandar a un agente de policía para que me lo comunicara, añadieron después de informarme de todas las cuestiones médicas. En aquel tiempo no disponía de teléfono (vivíamos en un piso pequeño de alquiler).

Me despedí de Helen mientras se la llevaban al quirófano. Le apreté la mano y le dije que no se preocupara, no me zamparía ninguno de sus bombones cuando estuviera bajo los efectos de la anestesia.

Era tarde y estaba cansado. Regresé a casa y me fui derecho a la cama.

Dormí a pierna suelta.

Hasta las tres de la madrugada. De pronto, sonó el timbre de la entrada. Me desperté sobresaltado, alguien estaba llamando a la puerta. Me giré hacia Helen.

Ella no estaba a mi lado.

Mi mente ató cabos enseguida. Claro, estaba solo. Había dejado a Helen en el hospital.

Volví a oír el timbre de la puerta.

¿Quién demonios quería verme a las tres de la madrugada?

De súbito lo recordé:

«Si se diera una situación de vida o muerte, le enviaríamos a un agente de policía a su domicilio para que se lo comunicara».

Salté de la cama y agarré un albornoz para cubrirme las partes íntimas y mis bóxers del Bradford City.

Se me agolparon un torrente de pensamientos a la cabeza.

Era una operación sencilla.

Mi mujer estaba en buenas manos.

Solo llevábamos un año casados (como si esto fuera a cambiar las cosas).

Me convencí de que probablemente no sería más que un borracho que pasaba por allí intentando armar jaleo.

El timbre sonó por tercera vez. Si se trataba de un borracho, era sin duda insistente.

Me dirigí velozmente hacia la puerta murmurando en voz baja: «Espero que no sea un agente de policía».

Abrí la puerta.

Un agente de policía estaba plantado ante mí.

«¿Es usted el señor McGee?»

«Sí, así es», repuse.

«Señor McGee, tengo malas noticias. ¿Puedo pasar?»

Me quedé mirándole de hito en hito, aturdido, incapaz de abrir la boca ni de reaccionar.

«Pase, pase», le dije por fin al cabo de un momento.

Me dirigí con paso tambaleante al pequeño salón de mi casa, intentando asimilar lo que me estaba pasando.

¿Había muerto mi mujer? ¡No era posible!

El agente de policía me siguió a la zaga, y cuando nos sentamos rompí el silencio.

«Ha venido por lo de Helen, ¿verdad?»

«¿Por quién?», me preguntó un tanto perplejo.

«Helen, mi mujer. En el hospital me dijeron…»

«Señor», me interrumpió el policía. «No sé de lo que me está hablando. ¿Es usted el propietario de un Peugeot 104?»

«Pues… sí», repuse poniendo una cara que reflejaba claramente mi confusión.

«Lo siento, señor, pero le traigo malas noticias. Le han robado el coche y lo hemos encontrado abandonado a unos quince kilómetros de su casa. Alguien se subió al capó y rompió el parabrisas de una patada. Su coche ha quedado destrozado.»

«No me diga», contesté; mi confusión mudó de golpe en éxtasis.

El agente de policía se quedó totalmente perplejo.

«Señor, le han robado el coche. ¿Es que no me ha entendido? Su reacción me parece muy extraña.»

Tenía que sacar al pobre agente de su confusión.

Había llegado el momento de aclararle rápidamente las cosas.

«Lo siento, agente. Creí que había venido para comunicarme que mi esposa había muerto. Pero solo ha sido para decirme que me han robado el coche.»

Esta historia me ocurrió hace unos 30 años. Me recuerda que en la vida es importante tomar distancia. Y me gustaría afirmar que desde entonces no he olvidado las lecciones que me enseñó.

Lamentablemente, no siempre ha sido así.

Para ser justo, nuestra biología tampoco nos lo pone fácil.

Nuestro cerebro primitivo emocional ha evolucionado para primero actuar y después pensar. Es instintivo, visceral e impulsivo.

A la parte racional del cerebro le cuesta lo suyo ponerlo todo en perspectiva.

Por eso me sigo estresando a veces por estupideces.

Como nos ocurre a la mayoría, me quedó atrapado en las pequeñeces de la vida y pierdo de vista lo que de verdad importa.

Pero estoy mejorando.

Ahora procuro controlar mis pensamientos, mi diálogo interior.

> **CONSEJO PARA VIVIR A LO GRANDE**
>
> No dejes que tus pensamientos se desmadren y hagan una montaña de un grano de arena.

No todo es trivial, claro está, pero ahora soy más consciente del impacto de la parte primitiva emocional de mi cerebro, y estoy aprendiendo a dejarme llevar más a menudo por mi parte racional.

¿Cómo lo hago?

Una de las formas es planteándome una simple pregunta.

«¿Qué puntuación le daría a este problema en una escala del 1 al 10? (En la que el 10 = muerte)».

Me hago esta pregunta con regularidad, y he descubierto lo siguiente:

➦ Ya no puntúo con un nueve el estado del dormitorio de mi hija.

➦ Ya no le pongo un ocho a mi reacción en la carretera cuando un conductor al que le cedo el paso no me da las gracias.

La cuestión es que para ser más felices en la vida es esencial tomar distancia y evitar reaccionar de manera desproporcionada a las situaciones. Es fácil decirlo, pero cada vez nos cuesta más hacerlo. ¿Por qué? Por el ritmo trepidante que muchos llevamos en la actualidad.

Perlas de sabiduría para una gran vida

Llevar un ritmo frenético repleto de actividades que no nos deja parar ni un segundo socava nuestro bienestar.

El subidón que sentimos con este estilo de vida nos acabará saliendo muy caro.

Reaccionamos de forma desmesurada, tomamos decisiones estúpidas y echamos por la borda nuestras relaciones.

Y sobre todo, nos perjudicamos a nosotros mismos.

Por eso tenemos que recuperar el control, dar un paso atrás y tomar distancia.

Los psicólogos lo llaman «revisión cognitiva». Es como la expresión «replantéatelo para dominar la situación».

Gracias a esta actitud estoy aprendiendo a ver los problemas tal como son. Pocas veces, si es que ocurre alguna vez, suponen una situación de vida o muerte. Hay momentos dolorosos, momentos frustrantes, y ojalá no se dieran, pero no suponen un peligro para nuestra vida.

Dos de mis mejores amigos en el mundillo de la oratoria corporativa ya no se encuentran entre nosotros. Clive y Kenny abandonaron este mundo recién cumplidos los cincuenta años de edad. Cuando le quito el hielo al parabrisas de mi coche en una mañana brumosa y gélida de enero tras haber pasado la noche en un Premier Inn de una zona industrial de los alrededores de Dudley, pienso en ellos. Me digo a menudo: «A Clive y Kenny les encantaría ahora estar en mi pellejo».

Me ayuda a ponerlo todo en perspectiva.

Sí, la vida te golpeará a veces con situaciones de alta puntuación. Y nadie escapará a una de «diez» de vez en cuando. Pero la vida no está llena solo de puntuaciones altas.

De modo que cálmate y toma distancia.

A propósito, me repararon el coche y la operación de Helen fue todo un éxito, pero el agente de policía siguió hecho un lío.

¡Ah!, y no me comí los bombones de Helen. De haberlo hecho, habría sido una faena merecedora de un «diez».

19

No subestimes nunca el poder del botón de pausa

En mi infancia la tecnología relacionada con la televisión era un tanto distinta de la actual. De acuerdo, me he pasado un poco; en realidad no tenía nada que ver con la de ahora. Para empezar, la televisión no era a color, lo veías todo en blanco y negro, y solo daban los programas en una cierta franja horaria del día. Una de las cadenas (he de reconocer que solo había tres) concluía su programación de la jornada con el himno nacional.

Y cuando querías cambiar de canal tenías que presionar o girar los botones del televisor. El control remoto aún no existía. Lo cual tenía sus beneficios. En primer lugar, ningún miembro de la familia podía agenciárselo como trofeo, y en segundo lugar no te tirabas media hora levantando los cojines del sofá, mirando debajo del gato o corriendo de un lado a otro de la casa preguntando a todo el mundo: «¿Has visto el control remoto?»

No disponer de control remoto también nos mantenía más en forma, sobre todo si te gustaba cambiar de canal (entre los tres que había). Te obligaba a levantarte del sofá y acercarte al televisor, y luego a regresar al sofá y volver a sentarte. Incluso los que tenían una sala de estar pequeña y podían llegar al televisor alargando simplemente el brazo como quien dice desde el sofá, al menos hacían varios estiramientos al cambiar de canal. En aquel tiempo no era necesario hacer yoga o pilates.

Otro reto tecnológico de mi niñez era que si te perdías tu programa de televisión favorito, ya no había nada que hacer. La tecnología que nos permite grabar los programas no se inventó hasta mi adolescencia. ¡Qué dura era la vida en aquellos tiempos!

Como puedes ver, no añoro los viejos tiempos. Nada de «¡Qué días aquellos!» Ni hablar. Ahora me encanta grabar los programas de la tele, mirar la televisión a la carta, saltarme los anuncios, ver las imágenes en alta definición y darle al botón de pausa para detener momentáneamente una emisión o para relajar la tensión del ambiente durante la tirada de un penalti (a no ser que sea el equipo nacional inglés; en ese caso, rebobino el partido un poco hacia delante hasta ver a los contrincantes celebrarlo). El poder del botón de pausa me permite recuperar el aliento, ir a por una bebida o hacer un agradable descanso.

Es fabuloso realizarlo con el televisor, pero no siempre es fácil hacer lo mismo con la vida. Pulsar el botón de pausa. Tomarte un respiro. Recuperar el aliento.

Cuesta lo suyo, pero no es imposible.

El problema es que la mayoría de la gente vive como si estuviera rebobinando su vida hacia delante a toda velocidad, ajetreada, corriendo de un lado para otro, sin parar un segundo. Afrontando problemas urgentes, reaccionando a correos electrónicos, realizando mil cosas a la vez, enviando mensajes de texto, tuiteando, haciendo *twerking* (de acuerdo, igual no bailamos el *twerk*, pero no he podido evitar incluirlo). Y sin darnos cuenta, se ha ido otro día. Otro día vivido rebobinado hacia delante vertiginosamente.

Pero, ¿sabes qué?

Perlas de sabiduría para una gran vida

Tienes el control remoto de tu vida.

Lamentablemente, no incluye el botón de rebobinado, pero si lo examinas con atención verás que te da la opción de pulsar el de pausa. Y te aseguro que necesitarás usarlo.

En un mundo en el que se emiten noticias a todas horas los siete días de la semana, y donde podemos disponer de lo que se nos antoje en un chasquear de dedos, es fácil vivir abrumados por un torrente de información y estar reaccionando constantemente a situaciones.

Es fácil vivir de esta manera.

Pero nadie nos obliga a hacerlo.

Perlas de sabiduría para una gran vida

«En la vida hay algo más que vivir a un ritmo cada vez más trepidante.» Gandhi

Pulsar el botón de pausa significa tomarte un minuto, o incluso un momento, para reflexionar. Significa tomarte tu tiempo para asimilar lo que estás leyendo y aprender, en lugar de juzgar o replicar al instante.

Significa salir a la calle, ir a dar un paseo y airear la mente. Significa reservarte un rato para ti. Significa encontrar un momento de paz, incluso en medio de un torbellino.

Pero solo si decides llevarlo a cabo.

Pulsar el botón de pausa te permite reflexionar y hacerte algunas preguntas. Estas son las que yo suelo plantearme:

«¿Cómo he manejado la situación?»

«¿De qué he disfrutado hoy?»

«¿Qué he aprendido hoy?»

«¿Me he hecho un hueco hoy para mí?»

«Me pregunto qué estará ahora ocurriendo en el mundo de esa persona.»

La verdad es que en ciertas ocasiones seguiremos reaccionando impulsivamente. Y el ajetreo y el ritmo frenético de la vida cotidiana harán que algunos días parezcan haber pasado en un suspiro, como si los hubiéramos rebobinado a toda velocidad. Lo sé muy bien.

Pero no tiene por qué ocurrirnos cada día. Al menos, si queremos llevar una gran vida.

Tómate tu tiempo para practicar lo de hacer una pausa.

Cuando tengas dudas, haz una pausa.

Cuando estés cansado, haz una pausa.

Cuando estés estresado, haz una pausa.

Cuando disfrutes de un momento increíble, haz una pausa.

Estas pausas son esenciales para tu vida. Y tienes en tus manos el control remoto.

Así que úsalo.

20

Codéate con la humildad

En un seminario que presenté recientemente les pregunté a cientos de empresarios qué rasgo de carácter consideraban esencial para triunfar en la vida. Se les ocurrieron más de veinte, pero la humildad no figuraba en la lista de ninguno.

Pasión, empuje, valor, determinación y visión fueron los más citados de la lista, y estoy de acuerdo en que son unos elementos esenciales para el éxito, pero creo que la mayoría de la gente subestima el papel crucial de la humildad.

¿Por qué es tan importante? Estás a punto de averiguarlo.

Quiero dejar claro que soy un gran partidario de que te prestes apoyo a ti mismo. Estoy convencido de que si uno no cree en sí mismo le puede costar manifestar su potencial, pero a medida que me voy haciendo mayor y un poco más sabio he descubierto que la falta de humildad puede también ser un obstáculo en nuestra vida. En tal caso, aunque creamos haber «llegado a lo alto», debemos andarnos con ojo, ya que si el éxito se nos sube a la cabeza y nos volvemos arrogantes y engreídos, estaremos cultivando un campo abonado para el fracaso.

¿Entonces, por qué la humildad no se considera importante? Creo que es por verla como una señal de debilidad y no de fuerza. Sin embargo, me encanta la cita del escritor y pastor Rick Warren sobre este tema:

Perlas de sabiduría para una gran vida

«La humildad no es pensar menos de ti, es pensar menos en ti.»

Para mí la humildad no es infravalorarte, es simplemente reconocer que no eres el ombligo del mundo.

Según mi experiencia, uno de los rasgos más importantes de la humildad que contrarresta la aparición de la arrogancia y el engreimiento es el deseo de estar abierto a nuevas ideas y de aprender a lo largo de toda la vida. Te lo ilustraré con un gran ejemplo.

Miguel Ángel, el escultor, pintor, arquitecto y poeta italiano (es increíble lo que uno podía dar de sí antes de la llegada de las redes sociales), afirmó a los 87 años: «Aún sigo aprendiendo».

Me encanta esta actitud, ¿a ti no?

Se le consideraba uno de los artistas más importantes de su época, pero Miguel Ángel no creía que semejante honor le eximiera de seguir aprendiendo toda su vida.

Las siguientes palabras de Daniel Boorstin, el historiador estadounidense, también suponen un reto en mi vida. Reflexiona un momento sobre ellas:

Perlas de sabiduría para una gran vida

«Nuestro mayor obstáculo para aprender no es la ignorancia, es creer que sabemos algo cuando no es así.»

¡Vaya, lo tendré en cuenta! Ser llamado un experto es, a mi entender, peligroso. Hay muchas personas consideradas expertas, pero ser humildes nos recuerda que debemos seguir aprendiendo constantemente en la vida y estar abiertos a las nuevas ideas de los demás. También significa estar preparados para que nuestras ideas sean cuestionadas, a admitir que podemos estar equivocados en ciertas cuestiones y a confesar que a veces nuestra respuesta a una pregunta en particular debería ser: «No lo sé».

Sé que esta clase de actitud cuesta lo suyo. Ponemos a los demás en un pedestal. Nos encanta idolatrar a los héroes. Por lo visto, está en nuestro ADN. Y cuando somos los idolatrados, es tentador creernos todas las exageraciones que cuentan de nosotros. Es fácil convencernos de nuestra invencibilidad, colgarnos una medalla por nuestro éxito y olvidarnos del apoyo que hemos recibido de los demás.

Las dos siguientes conductas mejorarán tu vida, te mantendrán con los pies en la tierra y evitarán que la arrogancia y el engreimiento te lleven por un camino peligroso.

➤ **Sé siempre un estudiante.** Tu educación no finalizó al acabar los estudios o licenciarte. Por más cualificado que estés, sigue deseando aprender.

Perlas de sabiduría para una gran vida

Sea cual sea tu titulación o papel en la vida, no olvides que también seguirás siempre siendo un estudiante.

Podemos aprender en cualquier época de nuestra vida, en cualquier lugar y de cualquier persona. Tal vez nos ocurra al leer un libro, escuchar un *podcast,* asistir a un seminario o ver un vídeo en Internet. Pero también puede sucedernos en las conversaciones que mantenemos con los colegas, los clientes, los hijos, la familia e incluso los desconocidos. ¡Quién sabe lo que descubrirás hoy y de dónde te vendrá! Mantén vivo el gusanillo de la curiosidad, tal vez te sorprendas de lo que aprendes.

➡ **Busca apoyo.** Parte de mi trabajo consiste en asesorar a deportistas de élite, sobre todo del mundo del fútbol. Un club con el que trabajé quería que ayudara a un futbolista que rendía poco en los partidos debido a problemas en su vida personal. Por desgracia, decidió no aceptar mi apoyo ni el de ninguna otra persona.

Ya no está en el club.

Cuando pregunté por qué no quería verme, me dijeron que creía que pedir ayuda era una señal de debilidad. Pero te aseguro que, tras haber asesorado a miles de personas de todo el mundo procedentes de una diversidad de ambientes, estoy convencido de lo siguiente:

Perlas de sabiduría para una gran vida

Buscar apoyo no es nunca una señal de debilidad, sino de sensatez.

La cuestión es que, si tenemos la humildad para pedir ayuda, podremos alcanzar más cosas y progresar. Y pedir ayuda no significa que tengamos problemas. Solo indica que deseamos mejorar.

Ese apoyo puede llegar de muchas formas. En mi trabajo he sido un escuchador, un animador, un psicólogo deportivo y también un cuestionador. Es importante reconocer la clase de apoyo que necesitamos y saber de quién queremos recibirlo.

Y, gracias a la ayuda que les ofrezco a los demás, soy consciente de la ayuda que yo también necesito. Sé que mi trabajo puede acabar desgastándome, y que aunque yo sea la «imagen» de mi negocio, sin el trabajo de mi equipo no habría llegado a ninguna parte.

Recuerda que los que apoyan a los demás también necesitar recibir apoyo.

¿Y qué me dices de ti? ¿Cuándo fue la última vez que recibiste apoyo o pediste ayuda?

Hay una serie de rasgos que forman parte de las cualidades necesarias para llevar una gran vida. Muchos son evidentes, pero otros no lo son tanto. La humildad no es la cualidad principal citada cuando se habla del éxito, pero si quieres triunfar en la vida, tenla en cuenta. Confiar y creer en uno mismo es esencial para triunfar, pero recuerda que la humildad complementa estos rasgos en lugar de negarlos.

Así que hazte un hueco para codearte con la humildad.

21

Cómo evitar el desgaste
y una separación

Era el 24 de diciembre de 1997, la víspera de Navidad, y había convencido a mis dos hijos para que se fueran a la cama, amenazándoles con que Papá Noel pasaría de largo si los encontraba despiertos, o con que me pondría a cantar villancicos, algo incluso peor.

Mientras intentaba encender el fuego de la chimenea de la sala de estar, mi mujer calentó en el microondas la comida china preparada que habíamos comprado y nos dispusimos a dar buena cuenta de ella con los palillos. Como puedes ver, nuestras cenas románticas al lado del fuego no nos dan demasiado trabajo en la cocina que digamos.

Con los niños arropados en la cama y el fuego crepitando en la chimenea (tuve que encenderlo con un encendedor, soy un negado para estos menesteres), nos acomodamos para saborear la comida preparada de la cooperativa donde la compramos. Incluso nos habíamos dado el lujo de poner sobre la mesa una parte del pan de gambas y de algas; después de todo, era Navidad.

Helen y yo apenas habíamos podido estar juntos a solas desde el nacimiento de nuestros hijos, y yo estaba deseando disfrutar de la oportunidad de la comida, el vino y la conversación.

Había sido un año ajetreado; el negocio había ido bien, con un montón de viajes de trabajo. Aparte de dar conferencias en Asia, también había tenido la oportunidad de hacer realidad el sueño de mi vida y de visitar a un amigo en Australia.

Y me deshice en elogios mientras recordaba el año increíble que habíamos vivido.

Helen, en cambio, permaneció extrañamente callada.

Al final, rompió el silencio.

«No creo que haya sido un buen año, Paul. Como familia, apenas te hemos visto el pelo, y cuando estabas con nosotros siempre parecías estresado. Durante las vacaciones que pasamos con nuestros hijos en la isla de Wight no te vi relajado un solo día.

»Me alegro de que el negocio vaya bien y de que disfrutes viajando al extranjero (solo), pero creo que el año que viene tendrá que ser muy distinto para nosotros como familia. Es como si te hubieras olvidado de nosotros y estuvieras obsesionado con el trabajo.»

Me impactaron más sus palabras que la ternera con salsa de chile picante que estaba comiendo.

Era evidente que mi esposa, con la que llevaba 10 años casado, estaba disgustada. La comida dejó de interesarnos de golpe y nos centramos en aclarar nuestras diferencias.

Aquella noche mantuvimos una larga conversación.

Salieron a la luz unas cuantas verdades domésticas, y durante las siguientes semanas estuve dedicándome a la introspección para descubrir cuáles eran mis prioridades en la vida. Admití que parecía estar viviendo en un estado constante de estrés, y sabía que estaba muy lejos de ser un marido o un padre excelente.

Las cosas tenían que cambiar.

Pero ¿cómo?

No sabía cómo compaginar el trabajo con mi vida familiar de manera realista y viable. Estaba intentando establecerme profesionalmente y mi trabajo implicaba viajar al extranjero una buena cantidad de días. Me encantaba lo que hacía, sentía que se me daba bien, y después de estar tres años viviendo de la pensión de invalidez (había sufrido una encefalomielitis miálgica, conocida también como síndrome de fatiga crónica), me sentía tremendamente satisfecho de estar ganando una razonable cantidad de dinero.

Había llegado el momento de hablar con Paul, mi mejor amigo y mentor.

Tras escuchar durante un buen rato lo que le conté sobre mi situación, lo primero que me aconsejó fue abordar mi problema en términos de «combinar» los aspectos de mi vida, en lugar de «equilibrarlos». Sugirió que intentar equilibrarlos era una forma muy poco útil de ver las cosas.

En cambio, intentar combinarlos era muy distinto.

Paul prosiguió ahondando en el asunto:

Un *smoothie* o un zumo de fruta están hechos con distintos ingredientes mezclados. La cuestión es que cada ingrediente es importante, pero no es necesario que todos estén presentes por partes iguales.

Paul me aseguró que con la vida ocurría lo mismo.

Cada aspecto de tu vida es importante, pero no tienes por qué dedicarle a cada uno la misma cantidad de tiempo.

Sin embargo, la vida, al igual que un *smoothie,* es menos sabrosa cuando le falta alguno de esos ingredientes.

Me ayudó a elaborar el modelo que aparece más adelante para gozar de una vida con unos ingredientes mejor combinados.

Identificamos juntos cuatro aspectos esenciales que siempre debía tener en cuenta si quería no volver a toparme con el dilema que mi mujer me había planteado en Nochebuena.

Al cabo de más de veinte años, estoy convencido de que este enfoque es fundamental para todo el mundo. Aparece en la imagen 21.1.

El modelo era sumamente sencillo, pero tenía mucho sentido.

Me dio una sensación de claridad y de tener la situación bajo control.

Hasta ese momento solo había estado pendiente de mi profesión y de la economía. Centrarme en esos aspectos de mi vida estaba bien, pero había descuidado otros. Paul me animó a reservarme, sobre todo, un tiempo para fortalecer mi relación con Helen, y con Matt y Ruth, mis hijos.

Figura 21.1

Significaba planificar un tiempo juntos, asegurarme de hablar con mi familia a diario durante mis viajes laborales y ver lo importante que era ser más consciente de las actividades que hacíamos juntos, en lugar de dedicarme a ellos solo cuando me había sacado de encima todo el montón de trabajo.

El reto de Paul consistía en que, por más estupendo que fuera buscar otras formas de promover mi negocio, tenía que aplicar la misma actitud a mis relaciones y ser más proactivo en cuanto a buscar nuevas maneras de mejorarlas.

Lo esencial no era dedicarle a mi familia el mismo tiempo que destinaba al trabajo, ya que esto era imposible, sino lo que haríamos cuando estuviéramos juntos.

Perlas de sabiduría para una gran vida

¿Acaso tiene sentido ser una persona popular para tus clientes y colegas y un absoluto desconocido para tu familia?

Apliqué el mismo enfoque a mi tiempo libre. ¿Qué haría para cargar pilas y renovarme?

El mantra de Paul era sencillo:

Decídelo tú en lugar de dejarlo en manos del azar.

Significaba ver mi salud con una actitud más holística. En lugar de centrarme solo en mi salud física (en el peso y la forma física), también debía tener en cuenta mi salud mental, espiritual y emocional. Paul me animó a salir a dar más paseos, a leer por placer otros libros, además de los que leía por mi trabajo, y a dedicar más tiempo a la reflexión.

En último lugar, recalcó que, además de ser consciente de mis propias necesidades, era importante que intentara satisfacer las de los demás, un aspecto al que él llamaba «contribución».

Me animó a que no viera esos aspectos de mi vida como cuatro aspectos distintos, sino como cuatro dimensiones interconectadas, y me ayudó a combinarlos mejor en mi vida.

Significaba que dar unos paseos más largos con mi mujer era dedicar un tiempo tanto a relajarme como a mi relación de pareja. Al igual que cuando iba a ver un partido de fútbol con Matt, o cuando pasaba un fin de semana especial en Londres con Ruth, mi hija.

Mi trabajo también contribuía al bienestar ajeno, pero podía usar además una parte de las ganancias de mi empresa para colaborar con oenegés, o cobrar una entrada simbólica en mis seminarios públicos para que todo el mundo pudiera asistir.

Perlas de sabiduría para una gran vida

Si solo te centras en una sola dimensión y no tienes en cuenta los otros aspectos, no podrás vivir a lo grande.

La cuestión era la siguiente:

Estaba convencido de que 1997 había sido un buen año. Si mi definición de «buen» año equivalía a trabajar y disfrutar de un tiempo para mí, en ese caso tenía razón.

Pero el sacrificio que estaba haciendo para triunfar en mi profesión me estaba desgastando, y hasta podía llegar a destruir mi relación con los míos.

¿Y qué me dices de ti? ¿En qué aspectos de tu vida debes fijarte más? Tal vez desees hacer una pausa para reflexionar sobre ello un momento antes de seguir leyendo, o incluso escribir algunas de tus reflexiones.

No voy a afirmar que desde que Paul me ayudó a crear el modelo para combinar mejor los aspectos de mi vida todo me ha salido a pedir de boca y no me he topado con ningún problema.

Porque no ha sido así.

Pero me ha ofrecido una imagen más clara y sencilla de mi existencia, y me ha permitido ser consciente de los distintos aspectos de mi vida y de cómo se influyen unos a otros.

Me ha sacado las anteojeras y me ha ayudado a tener una visión más amplia de mi vida.

Lo cierto es que, aunque raras veces podamos mantener un buen equilibrio en el día a día, al menos podemos combinar mejor todos los aspectos de nuestra vida cotidiana.

> **CONSEJO PARA VIVIR A LO GRANDE**
> Sé más resolutivo y menos reactivo en tu forma de vivir.

Ahora la pelota está en tu lado de la cancha.

Reconocer que todos los aspectos de tu vida son

importantes te ayuda a no desgastarte ni derrumbarte, y hace además que el éxito no te deje mal sabor de boca.

Aquella Nochebuena no llegamos a comer el pan de gambas y de algas. Pero ya han pasado veinte años y mi esposa Helen y yo seguimos juntos.

Las mezclas son poderosísimas en la vida.

Y un sabio mentor, también.

22

Dos personas esenciales
en tu vida

Recientemente he aprendido una palabra nueva: ultra-crepidarianismo. (No te preocupes, a mí también me cuesta pronunciarla.) Significa opinar sobre materias de las que no tienes ni idea como si fueras un experto. Probablemente, como me ha pasado a mí, has conocido a varios sabidillos de este tipo. Aparecen en programas de radio en directo y en las redes sociales, y uno o dos incluso se hacen pasar por políticos.

En mi trabajo conozco cada año a miles de personas nuevas de una gran variedad de países, culturas y trayectorias vitales. Es uno de los aspectos que más me gusta de mi trabajo. (Incluso las ultracrepidianas son a veces sorprendentes.) La mayoría de las ocasiones son encuentros brevísimos con personas que no volveré a ver nunca más, pero en uno o dos casos acaban en amistades duraderas. Matt, un tipo al que solo hace 18 meses que conozco, se ha vuelto un amigo mío muy cercano. Aprecio mucho su sabiduría y sus percepciones relacionadas con una serie de temas, incluidas sus reflexiones sobre este libro.

Es probable que las palabras del neurocientífico David Eagleman no te sorprendan:

La verdad grabada en la arquitectura del cerebro humano es innegable: nos necesitamos unos a otros.

¡Lleva razón!, ¿verdad?

Perlas de sabiduría para una gran vida

Una gran vida raras veces se alcanza en solitario.

Casi siempre requiere el apoyo de los demás, y la realidad es que nuestros amigos pueden ser una gran influencia en nuestra vida, seamos o no conscientes de ello.

La cuestión es la siguiente:

Tus amigos son importantes.

Al igual que las personas que ves a diario, como tu jefe, tus compañeros de trabajo y, por supuesto, tu familia.

Espero que las personas con las que pasas un tiempo a diario constituyan en su mayoría una influencia positiva en tu vida, pero una o dos tal vez no lo sean tanto.

Por ejemplo, hay personas «deprimentes» a las que les encanta dramatizarlo todo y solo parecen ser felices cuando se sienten desgraciadas. Mientras comparten sus desdichas a diestro y siniestro, nos chupan la energía sin darse cuenta de lo molestas que son. Si trabajas o vives con una, sé que no es una situación agradable.

En cambio, hay otras sumamente inspiradoras y positivas en nuestra vida que incluso influyen en nuestro futuro, aunque lo ignoren o no se hayan propuesto hacerlo.

Yo las llamo «animadoras» y «cuestionadoras».

Las personas «animadoras» creen en ti y siempre están a tu lado para animarte, tanto en los momentos buenos como en los malos. Son como si siempre llevaran consigo una cuba llena de confianza en ti de la que puedes beber siempre que lo necesites. Tus amigos pueden desempeñar este papel, pero cuando es tu jefe o alguien a quien respetas quien ejerce esta clase de influencia en tu vida, es de lo más poderoso.

A veces lo que cuenta no es lo que te dicen, sino quién te lo dice.

Por ejemplo, estoy seguro de que te encantará que tu madre piense que serás un fenómeno como cantante y que triunfarás en la vida. Pero si es el productor de artistas Simon Cowell quien te lo dice, te impactará más todavía, ¿verdad?

A todos nos gusta tener a una persona «animadora» a nuestro lado. Tras haber impartido conferencias los últimos 26 años en 41 países, aún no he conocido a nadie que me haya dicho: «Mi problema es que me han animado demasiado en la vida».

Pero podemos caer en la tentación de que sea la única opinión que queramos oír.

Norman Vincent Peale escribió:

El problema es que la mayoría de personas preferimos que los elogios nos arruinen la vida antes que ser salvados por las críticas.

Creo que tiene razón.

Por eso también necesitamos rodearnos de personas «cuestionadoras» en nuestra vida.

¿Qué papel desempeñan? Uno crucial.

Perlas de sabiduría para una gran vida

Los «cuestionadores» no te dicen lo que quieres escuchar, sino lo que necesitas oír.

Por ejemplo, una persona «cuestionadora» puede rescatarte de los peligros de las confirmaciones sesgadas; es decir, cuando buscas unas ideas y una información que confirmen las que tú tienes. Si nadie las pone en duda, tendrás una visión distorsionada y poco equilibrada de la vida. Sin embargo, las personas «cuestionadoras» te ofrecen otro punto de vista que no tiene por qué coincidir con el tuyo. Te ayudan a ver lo que pasas por alto, y a veces cuestionan tanto tus actitudes como tus actos.

Vale la pena reflexionar sobre quiénes son las personas «animadoras» y «cuestionadoras» en tu vida. ¿Las hay? Algunas desempeñan uno u otro de estos dos papeles, pero otras pueden representar ambos. El problema es cuando no hay nadie que juegue ese papel a nuestro lado.

En ese caso, nos vemos obligados a desempeñar esos papeles en nuestra propia vida. Y no siempre es fácil hacerlo.

En lo que a mí respecta, aprecio a las personas «animadoras» que tengo a mi lado, pero sé que las «cuestionadoras» son incluso más valiosas.

¿Por qué?

Tengo la suerte de que mi cuba de creer en mí mismo no está casi vacía. Agradezco la clase de trabajo que realizo, y además recibo en él a diario el aliento y el aprecio de la gente.

Pero para mi propio crecimiento interior, reconozco que las personas «cuestionadoras» me dan otro punto de vista del mundo. Y valoro trabajar y hablar con las que están dispuestas a hacerme preguntas difíciles que ponen en duda mis suposiciones y me ofrecen una perspectiva distinta de la mía.

Seré sincero, no siempre es un intercambio fácil, pero sé que es bueno para mí.

Por ejemplo, cada miembro de mi equipo leyó el manuscrito de este libro antes de que yo se lo entregara al editor. Aunque me encantó que me dijeran lo mucho que les había gustado, sé que, cuando me plantearon cuestiones en las que no había caído y me propusieron hacer cambios en el texto, sus observaciones fueron sumamente valiosas para mí.

Pero lo más importante es lo siguiente:

Soy también muy consciente del afecto y las buenas intenciones con las que me las hicieron.

No me las plantearon para incomodarme (al menos, no creo que sea así), solo deseaban que publicara un libro de la mejor calidad posible.

Si no te gusta el libro, no te olvides de enviarles un correo electrónico a Kev, Sally, Matt, Ed, Catriona y Helen con tus comentarios, porque son ellos los culpables.

Dicho esto, hubo una época en la que mi cuba de autoconfianza estaba medio vacía. Un momento decisivo en mi profesión fue cuando Jacqueline Guthrie, la directora de la compañía que me contrató para que impartiera mi primer seminario público, afirmó: «Hoy no ha sido una experiencia brillante, pero sé que tienes el potencial para llegar a ser uno de mis mejores conferenciantes».

Las palabras tienen el poder de engendrar vida y esperanza, y también dudas y miedo, te lo aseguro. Las de Jacqueline crearon lo primero.

No era simplemente una mujer alentándome, también era una directora con mucha experiencia a sus espaldas que me inspiraba un gran respeto. Podía haberse limitado a criticarme. Los días anteriores no habían sido fáciles para mí, pero sus palabras me dieron la seguridad y la confianza que necesitaba para seguir dedicándome a mi profesión.

Como puedes ver, incluso los tipos extravertidos que parecen irradiar confianza por los poros necesitan a personas que los animen en algún momento de su vida.

Pero si ignoramos a las personas cuestionadoras o si nunca les pedimos su opinión es fácil caer en la trampa del autoengaño, sobre todo si desempeñamos un papel en el que somos objeto de elogios. Esta situación puede llevarnos a la autocomplacencia y la arrogancia.

Lo cual no nos ayudará a llevar una gran vida ni a crearla.

Así que no olvides que tus amigos y las personas que te rodean son importantes.

Espero que seas lo bastante afortunado como para tener a personas animadoras a tu lado, pero asegúrate también de rodearte de personas cuestionadoras que desean que saques la mejor versión de ti, y para lo cual están dispuestas a llevarte la contraria para que lo consigas.

23

Poda de vez en cuando el árbol del optimismo desmesurado

Siempre siento curiosidad por saber por qué una compañía me contrata para que dé una conferencia. Disponen de cientos de conferenciantes famosos entre los que elegir, sobre todo del mundo de los deportes. (Mi único logro deportivo fue quedar en tercer lugar en una carrera de sacos en el colegio a los seis años. Pero lo más bochornoso es que ese año me descalificaron por hacer trampas en la carrera de sostener un huevo con una cuchara, una decisión que sigo cuestionando hasta el día de hoy.)

Julie, la organizadora que me contrató para que diera una conferencia en la empresa donde ella trabajaba, me dijo que me había elegido por las siguientes razones:

«En los últimos años hemos estado contratando a alpinistas y deportistas. Siempre cuentan historias inspiradoras, pero la verdad es que nuestro equipo de vendedores no siempre se identifica con ellas.

»Me refiero a que superar una congelación es algo increíble, pero no es un problema con el que suelan toparse.

»Te elegimos a ti porque tu actitud realista y tu sentido del humor les encantará. Quieren echarse unas risas y sentirse inspirados, pero también necesitan escuchar unos ejemplos prácticos del mundo real con los que se puedan identificar. La charla tiene que ser positiva y realista al mismo tiempo, de lo contrario les deja de atraer».

Qué interesante.

La positividad a veces puede ser peligrosa, porque no siempre es realista. Sobre todo cuando vivimos en las nubes, desconectados del mundo real.

No me malinterpretes, creo firmemente en la importancia de una actitud positiva, y reconozco que el exceso de críticas que se da en la actualidad no nos hace ningún bien.

Pero sigo creyendo que hay un lugar para lo que yo llamo «pesimismo adecuado» (para entender mejor a lo que me refiero, consulta el capítulo: «No todas las preocupaciones son en balde»), e incluso, en ocasiones, para una cierta dosis de escepticismo.

La cuestión es la siguiente:

Perlas de sabiduría para una gran vida

El optimismo ciego necesita abrir los ojos.

¿Qué significa esto en realidad? Significa que es estupendo soñar a lo grande y tener aspiraciones de altos vuelos, pero la verdad es que decirle a la gente que puede conseguir lo que se proponga no siempre es motivador, sino un autoengaño. Y en algunas situaciones, es lógico que la cautela sea tan importante como el valor.

En una ocasión formé parte de una comunidad de lo más optimista. Era un equipo compuesto por Mike, Andy y Nicola.

Un puñado de tipos superpositivos.

Durante nuestras reuniones de trabajo flotaba un ambiente como el de un grupo de canguros bajo los efectos de esteroides. Ninguno de nosotros podía estarse quieto un segundo.

Se nos ocurrían millones de ideas nuevas y nos apresurábamos a escribirlas en la pizarra a la menor oportunidad.

Mike, nuestro líder, era un tipo lleno de entusiasmo. Su frase preferida era «¡Es increíble!», y reconozco que perdió sus efectos de algún modo cuando la usó para describir los emparedados de huevo duro con mayonesa que había tomado en el almuerzo.

Tras haberme dejado llevar por esta oleada de tremenda positividad, al final empezaron a asaltarme las dudas.

Tuve que reprimirlas al instante porque, como Nicola dijo: «No podía darme el lujo de tener un pensamiento negativo». Y en ese grupo uno de los mayores crímenes que podías cometer contra la humanidad era ser negativo.

¿Qué ocurrió? El grupo se disolvió a las pocas semanas. El proyecto que queríamos llevar a cabo no llegó a despegar.

Mike se incorporó a una compañía «increíble» sin despedirse siquiera. Nicola se quedó, pero dijo que nuestro líder había tenido la culpa de nuestro fracaso al no habernos apoyado lo bastante.

Pero yo no estaba tan seguro de ello.

Éramos un grupo en el que todos pensábamos lo mismo, leíamos los mismos libros, escuchábamos los mismos conferenciantes motivacionales y nos reíamos de los tipos a los que etiquetábamos de BMW (*Bitching, Moaning, Whingers*), es decir, Protestones, Lloricas, Quejicas.

Y este era precisamente el problema. Nuestra ingenua positividad creaba también un aire de arrogancia y de falsa invencibilidad.

Nuestra actitud era: «Todo nos va a ir sobre ruedas».

Por eso no nos cuestionábamos nada unos a otros.

No había en el grupo nadie con «una visión realista» que pusiera a prueba y analizara nuestras ideas antes de apresurarnos a aplicarlas. No había nadie que dijera: «Alto aquí, ¿qué haremos si algo no nos sale como hemos planeado?»

No preveíamos los problemas; simplemente, nos negábamos a creer que pudieran surgir.

Ojalá hubiéramos podado a veces el árbol de nuestro optimismo desmesurado y tenido en cuenta otros puntos de vista.

Pero no me malinterpretes, la positividad es poderosa. Es absolutamente necesaria para nuestro bienestar. Entrar en una espiral de negatividad es desmoralizador.

No estoy sugiriendo que nos subamos al tren de la negatividad equipado con una zona en cada vagón para quejarnos a nuestras anchas, fomentando la desesperación, la desilusión, el desaliento y el abatimiento.

Esto no es lo que estoy diciendo.

Pero la siguiente cuestión es crucial.

Perlas de sabiduría para una gran vida

Recuerda que, aunque la positividad sea esencial para llevar una gran vida, no es el único ingrediente necesario.

Un pastel puede volverse empalagoso si le añadimos demasiado azúcar, tenemos que agregarle otros ingredientes para equilibrar el sabor.

Con la vida ocurre lo mismo. La positividad siempre es esencial, pero redúcela a veces un poco y deja un espacio para las dudas, los cuestionamientos y, sí, incluso para un cierto pesimismo adecuado, porque todo esto te permite afrontar cualquier reto que la vida te depare. Esta es la receta para llevar una gran vida.

24

No seas tan egocéntrico

Cuando voy al gimnasio siempre me cruzo con Jim. Sí, así es, veo a Jim en el *gym*. Voy allí para sudar la camiseta, hacer estiramientos y sacarme de encima los efectos secundarios de haberme excedido con los hidratos de carbono. Jim va al gimnasio para charlar con todo bicho viviente. ¿Y cuál su principal tema de conversación? Él.

Sé un montón de cosas de Jim, sobre todo de sus enfermedades, pero dudo que él sepa algo de mí. ¿Por qué? Nunca me lo ha pedido.

Me pregunto si alguna vez has conversado con alguien como Jim y advertido que en realidad no es una conversación lo que estáis manteniendo, sino un monólogo.

La verdad es que hay una pila de personas que se sienten a gusto siendo el centro de atención y llevando la voz cantante en una conversación. Y estoy seguro de que conoces a alguien así.

Y está bien si lo que tiene que decirte te atrae e interesa. También es aceptable si, después de no haber parado de hablar, te cede el turno para que te explayes a tus anchas.

Pero ¿qué ocurre si no es así? ¿Y si el monólogo sigue y sigue mientras tú esperas pacientemente a que te toque el turno?

No es una experiencia demasiado agradable que digamos. A decir verdad, puede resultar tediosa y monótona, e incluso es posible que tu interlocutor te empiece a caer mal.

Yo llamo afectuosamente egocéntricos a esa clase de personas, es decir, las que Solo Hablan de Sí Mismas.

Bueno, hablar de uno mismo es agradable. Probablemente yo también soy egocéntrico en algunas ocasiones. Y quizá tú también. Y puede que por unas buenas razones. A lo mejor tienes amigos a los que les encanta que les pongas al día, pero por la razón que sea son reacios a compartir sus novedades, por lo que eres tú el que lleva la voz cantante. O quizá alguna vez hemos necesitado airear nuestros problemas y nos hemos topado con un amigo dispuesto a escucharnos. Y esto está bien, a veces ocurre en la vida.

Pero hay ejemplos de tipos que siempre son egocéntricos. Son los que, cuando te dejan por fin hablar, aprovechan la menor oportunidad para llevarse lo que estás diciendo a su terreno y seguir hablando de sí mismos.

¿Te has encontrado alguna vez con alguien así? ¿Que se lleva la conversación a su terreno?

Supongo que este es el reto. ¿Con cuánta frecuencia eres egocéntrico? ¿Cuán a menudo dejas que tu interlocutor hable de sí mismo?

La cuestión es que lo que realmente nos llena y hace felices en la vida son nuestras relaciones con los demás.

Perlas de sabiduría para una gran vida

Una de las mejores formas de mostrarle a una persona que la valoras y respetas es demostrando un verdadero interés por ella.

Es importante recordar que no eres el ombligo del mundo, los demás también cuentan.

Todos contamos.

Helen, mi mujer, es una gran escuchadora. Se interesa de verdad por los demás, quizá al igual que tú. Sin embargo, reflexiona un momento sobre alguna de tus últimas conversaciones, tanto en el ámbito personal como laboral.

¿Has estado escuchando de verdad a tu interlocutor? ¿O, simplemente, estabas esperando a que hiciera una pausa para hablar? ¿Hasta qué punto sabes lo que está ocurriendo en su mundo? ¿Cuán a menudo has hecho que la conversación volviera a centrarse en ti?

Te aseguro que soy consciente de que tiendo a ser un egocéntrico en bastantes ocasiones. Pero ahora conozco este rasgo mío. Por eso, cuando me reúno con mis amigos para ponernos al día, les pido al empezar a hablar: «Contadme vuestras novedades». Quiero que sean el centro de atención. Y cuando, dejándome llevar por la conversación, me doy cuenta de que soy el que más está hablando, me contengo y les digo: «Ya he hablado demasiado, ¿qué más novedades tenéis para contarme?»

¿Cuándo sabes que tu interlocutor ya no desea seguir escuchándote?

Cuando deja de hacerte preguntas. Si te las sigue haciendo, significa que le interesa lo que le estás contando y que no te escucha por obligación.

Otra señal menos sutil de que no desea seguir oyéndote es cuando te dice «sigue, te escucho», pero se pone a consultar el móvil.

Tirarse de los pelos mientras se mece nerviosamente en la silla es otra señal de que ya ha tenido bastante.

Seré claro. Habla de ti sin reparos. Da tu opinión, pero asegúrate de que no sea la única voz que se oye. Y cuando hables, cerciórate de que lo que digas no esté siempre centrado en ti. Descubre el mundo de tu interlocutor; así os sentiréis más conectados, te apreciará más y puede que aprendas algo sumamente interesante de él.

Reto para vivir a lo grande

¿Hay algunas relaciones en tu mundo que puedas mejorar al hablar un poco menos y escuchar un poco más?

Si quieres llevar una gran vida, no seas egocéntrico. No eres el centro del universo.

Los demás también cuentan.

¿Me escuchas, Jim?

25

No todo el mundo toma whisky

Ser objeto de aprecio es maravilloso. Es tremendamente gratificante ver que tus esfuerzos son reconocidos de algún modo y sentirte valorado por los demás. Pero ¿has recibido alguna vez un regalo que te haya dejado indiferente? Tal vez aprecies el sentimiento que hay detrás. Sin embargo, el regalo en sí no te gusta tanto. Esto explicaría la cara que puse cuando, tras dar una conferencia en Oriente Próximo, la persona que la había organizado me ofreció un ramo de flores enorme cuando me disponía a subir al avión de vuelta a casa.

Las Navidades pasadas unos clientes me regalaron una botella grande de whisky. Querían agradecerme la labor que había hecho con ellos unos meses antes. Iba acompañada de una carta escrita a mano explicando que se trataba de un whisky excepcional, y que esperaban que me gustara tanto como a ellos. Fue un regalo afectuoso y generoso.

Pero había un solo problema.

No tomo whisky.

En cambio, Richard, un conferenciante amigo mío, llamó por teléfono a mi despacho un mes antes de Navidad y habló con un miembro de mi equipo. Quería enviarme un regalo para agradecerme unos libros que le había recomendado. Le preguntó a mi colega Kev cuál era mi bebida preferida. Por lo visto, a Richard le gustaba el vino tinto y le daba la impresión de que yo compartiría sus gustos. Sin embargo, Kev le aclaró que en realidad me encanta la cerveza belga y la ale pálida.

Un mes más tarde recibí una caja de mi cerveza ale preferida.

¿Qué tienen que ver mis gustos relacionados con el alcohol con llevar una gran vida?

Pues, simplemente, lo siguiente:

Aunque de entrada esté muy bien «tratar a los demás como te gustaría que te trataran», es incluso mejor tratarlos como les gustaría que *les* trataran. Y es esencial recordarlo, porque...

Perlas de sabiduría para una gran vida

La calidad de nuestras relaciones es primordial para gozar de una gran vida.

Por ejemplo, cuando recibo malas noticias quiero estar a solas. Necesito un tiempo y un espacio para digerirlas. Mi mujer, en cambio, prefiere hablar de ello. Si la tratara como a mí me gustaría que me trataran, es decir, dándole espacio y dejándola a solas un rato, le parecería un acto descortés e inútil. Debo apoyarla como a ella le gusta, aunque yo prefiera que me apoyen de otra forma.

Lo cierto es que no a todo el mundo le gusta lo mismo. Lo que a ti te motiva tal vez le deje indiferente a otra persona. Y aunque tú disfrutes siendo el centro de atención, puede que otro deteste serlo.

Si quieres mantener unas mejores relaciones con los demás, el secreto es…

CONSEJO PARA VIVIR A LO GRANDE

Descubre qué es importante para los demás. Averigua qué valoran y haz todo lo posible para satisfacer esas necesidades.

Aquí tienes un punto de vista interesante sobre cómo esto funciona en las relaciones. En su superventas *The 5 Love Languages,* el escritor y asesor Gary Chapman destaca cinco maneras con las que nos gusta expresar y sentir el amor. Son las siguientes:

- Palabras afirmativas (pronunciadas o escritas).
- Actos de servicio (las acciones valen más que mil palabras).
- Recibir regalos (con la actitud de ser especialmente importantes).
- Tiempo de calidad (ofrecer toda la atención).
- Contacto físico (naturalmente, tiene que ser adecuado, no a todo el mundo le gusta recibir un abrazo).

Chapman sostiene que normalmente expresamos nuestro amor como nos gustaría que nos lo expresaran.

Es decir, tratamos a los demás como nos gustaría que nos trataran.

Si nos gusta recibir regalos, deseamos ofrecérselos a las personas que amamos. Pero el reto consiste en que, aunque aprecien nuestros regalos, tal vez prefieran los «actos de servicio» como, por ejemplo, que les preparemos su comida favorita.

Chapman señala que lo importante es comunicar el amor con el lenguaje preferido del receptor; es decir, tratándole como él quiere ser tratado.

Se han vendido más de 11 millones de ejemplares del libro de Chapman, y aunque no se haya llevado a cabo una investigación académica para comprobar la validez del modelo que presenta, miles de parejas han afirmado que el libro les ha beneficiado y ayudado en sus relaciones.

Mis propias conclusiones son que el libro de Chapman es un buen material para la reflexión que nos permite, sobre todo, abrir los canales de la comunicación. Pero no creo que sea útil intentar convertirlo en una ciencia exacta.

Sé que cada persona expresa su amor con su propio lenguaje, y el contexto también es un factor determinante en lugar de ser solo una preferencia personal.

Por ejemplo, cuando estoy cansado y mi esposa se ofrece para preparar la cena (o, simplemente, una taza de té), lo valoro más que en otras ocasiones en las que estoy menos cansado. Cuando he estado trabajando fuera de casa, mi mujer aprecia más el tiempo de calidad que le dedico que cuando he estado trabajando en mi estudio durante dos semanas (en ese caso me anima a trabajar fuera de casa para ponerse al día con los episodios de *Casualty*).

¿Qué ocurre si no estás seguro de cómo alguien quiere que lo trates?

Haz lo que salta a la vista.

Pregúntaselo.

Esta es la gran pregunta que te sacará de dudas:

> **CONSEJO PARA VIVIR A LO GRANDE**
>
> Pregúntale: «Si pudiera hacer algo para ayudarte ahora, ¿qué sería?»

Al fin y al cabo, la esencia de tu felicidad se basa en tu capacidad para establecer relaciones profundas y significativas. Procura tratar a los demás como les gustaría que les trataras, de la forma más significativa y útil para ellos en ese momento.

Tal vez satisfagas tus necesidades al mismo tiempo, aunque no siempre ocurre. No supongas que lo que te hace feliz a ti es lo que les hace felices a los demás. No siempre es así.

Recuerda que no todo el mundo toma whisky.

26

No esperes a que se celebre
su funeral

Mientras estaba tumbado en la mesa de operaciones, viví una extraña experiencia cuando el cirujano me saludó tras entrar en el quirófano. Intentó romper el hielo y tranquilizarme manteniendo esta breve conversación:

«Me han dicho que eres un conferenciante motivacional».

«Así es, esta es la etiqueta que les gusta ponerme», repuse.

«Pues no estaría mal que me motivaran un poco», me contestó sin esbozar ni una escueta sonrisa.

Sentí el irrefrenable deseo de levantarme y salir pitando del quirófano. Mi nivel de ansiedad, que ya estaba por las nubes, se multiplicó por diez.

Me pregunté qué me habría dicho si yo fuera el director de una funeraria. ¿Quizá algún chiste sobre ataúdes? ¡Qué alucinante!

La gente se debe de quedar de una pieza cuando le cuentas que trabajas en una funeraria. La muerte no es un tema sobre el que nos guste charlar. Sin embargo, a medida que me acerco a los cincuenta y cinco, los funerales se han vuelto más habituales que las bodas.

En los últimos años he asistido a varios. Algunos me han dejado totalmente desolado, y en unas pocas ocasiones incluso he ayudado a llevar el féretro.

Aunque unos funerales sean muy distintos de otros, siempre hay un momento en el que un asistente dice unas palabras sobre el difunto.

Cuando Vicky, una amiga y colega mía, falleció, nueve personas hablaron en su funeral, incluidos sus hijos. Fue un momento tremendamente emotivo y conmovedor que contuvo también instantes de risas.

He oído otros panegíricos brevísimos pronunciados en ocasiones por personas que no conocían al difunto del que estaban hablando.

Pero todos tienen algo en común.

No se usan como oportunidades para criticar o saldar cuentas con el fallecido (al menos, según mi experiencia), sino como un momento para evocar algunos recuerdos positivos sobre él.

Todavía no he oído a nadie decir: «La verdad es que el tipo me caía gordo», o «Me gustaría poder decir algo positivo de ella, pero mis padres me enseñaron a no mentir nunca».

Aunque el difunto del que estamos hablando no nos caiga demasiado bien, normalmente nos mordemos la lengua y destacamos sus cualidades.

¿O solo lo hago yo?

Pero el autor Eric Barker hace una interesante observación:

Perlas de sabiduría para una gran vida

«Los panegíricos son mucho más valiosos si los pronunciamos antes de que la persona a la que van dirigidos deje este mundo.»

Creo que lleva razón. ¿Por qué esperar a ir al funeral de alguien para decir lo mucho que lo apreciábamos o lo valiosa que era como persona?

En los últimos años, a medida que me hago mayor y la realidad de nuestra mortalidad se hace más evidente, he empezado a decirles a los demás que los aprecio.

Pero no me malinterpretes. No me presento por las buenas en su casa en un coche fúnebre sosteniendo una corona enorme de flores y les leo un panegírico de 14 páginas (la primera vez que lo hice no me funcionó), sino que les envío un mensaje de texto alentador o una tarjeta escrita a mano, o les menciono algo positivo suyo en una conversación.

Sí, sé que a algunas personas les parecerá un tanto embarazoso, o incluso inusual, hacerlo; por eso a veces es más fácil enviarles una tarjeta, un correo electrónico o un mensaje de texto que decírselo a la cara. Pero nadie nunca ha parecido molestarse por ello o no apreciarlo.

Siempre atesoraré la tarjeta que mi difunta amiga Vicky me envió cuando cumplí los 50, en la que me agradecía nuestra amistad y me animaba enormemente por la labor que yo estaba llevando a cabo.

Lamentablemente, no llegó a presenciar mi 51 cumpleaños.

Pero sé cómo me siento al releer sus palabras, y no creo que sea un bicho raro por ello.

Incluso he empezado a alentar y a darles las gracias a gente que apenas conozco.

Cuando mi hijo tenía 15 años decidió que quería ser médico. Lo más extraño es que hasta ese momento no le había gustado la biología (una asignatura que me parece bastante esencial si quieres dedicarte a la medicina).

Pero, de pronto, algo ocurrió.

Tuvo una nueva maestra, la señorita Shaw.

La pasión de la señorita Shaw por la medicina fue inspiradora para mi hijo y ahora, varios años más tarde, es médico.

De hecho, hablo de la señorita Shaw en algunas de mis charlas. La utilizo para ilustrar que una persona puede dejar huella en el mundo. Pero se me ocurrió que, pese a haber estado diciendo maravillas de ella durante varios años, aún no la conocía en persona ni le había agradecido el efecto que había producido en mi hijo.

De modo que le mandé una tarjeta.

Le escribí unas breves palabras expresando mi gratitud y contándole que había sido la catalizadora de que mi hijo deseara ser médico. Le dije que era una persona que dejaba huella en el mundo. La verdad es que no esperaba que la señorita Shaw me respondiera.

Pero lo hizo.

Me comunicó lo agradecida que estaba por tener noticias mías y descubrir a qué se dedicaba Matt. Sus últimas palabras me impactaron enormemente:

«Tu tarjeta me ha alegrado el año».

¡Vaya! Y ni siquiera llegamos a conocernos en persona. Y aún no lo hemos hecho.

Pero me alegro de que haya leído las palabras alentadoras que le escribí mientras sigue dando clases. Quién sabe el efecto que le han producido y el que quizá le sigan produciendo.

La señorita Shaw es como todos nosotros.

Perlas de sabiduría para una gran vida

Todos necesitamos el oxígeno del aliento de vez en cuando.

Recuerda que los demás no siempre saben lo que estás sintiendo. Tal vez no sean conscientes del todo de hasta qué punto los aprecias.

Pero puedes expresárselo.

Depende de ti cómo decidas hacerlo, solo asegúrate de llevarlo a cabo con sinceridad y sin esperar recibir nada a cambio, ya que no le expresas tu gratitud con esta intención.

Te aseguro que no solo dejarás huella en ellos, sino también en ti. La verdad es que cuando le alegramos el día a alguien, nos sentimos bien. Y este es otro ingrediente esencial para llevar una gran vida.

De modo que no esperes a que se celebre su funeral para decírselo.

Reto para vivir a lo grande

Elige dos personas a las que quieras expresar tu agradecimiento. Piensa en cómo lo harás. Sé tan sencillo o exagerado como desees, pero no pienses solo en ello. Pasa a la acción.

27

Renuncia a ese trabajo

Hace más de 30 años que conduzco. Detestaría saber cuántos kilómetros he recorrido a lo largo de todos esos años, pero estoy seguro de que podría haber ido sin ningún problema con el coche a la luna y vuelto a casa. Y aunque me guste conducir la mayor parte del tiempo, admito que cuando viajo en el asiento del pasajero es otro cantar.

En mi último viaje al extranjero me pasó por la cabeza que quizá fuera a dejar prematuramente este mundo. El taxista que me llevaba a mi destino parecía estar deseando morir o tener unas ganas incontenibles de ir al lavabo. En varias ocasiones me descubrí pisando a fondo el pedal del freno imaginario con el pie.

Es justo decir que mi nivel de estrés se disparó.

Siguiendo con el tema, no soy un experto en el mundo del deporte, pero comprendo que para un piloto una de las partes más estresantes de Fórmula 1 sea la parada en boxes.

¿Por qué?

Porque no controla la situación. Depende de otras personas.

No cabe duda de que se trata de un equipo altamente calificado, pero, con todo, renunciar a tener el control, aunque sea por unos segundos, puede aumentar su estrés. Al menos en mi caso, el hecho de estar a merced de aquel taxista hizo que las palmas de las manos me empezaran a sudar y que el corazón me martilleara en el pecho.

¿La conclusión?

Nos gusta tenerlo todo bajo control.

Y no hay nada malo en esta necesidad.

Pero el problema está cuando queremos controlarlo constantemente todo y a todo el mundo para que nuestros deseos se cumplan, y solo somos felices cuando las cosas nos salen como queremos. Llevado a los extremos, el resultado es que cada vez intentamos controlar más a los demás, nos metemos en sus vidas e incluso intentamos dirigirlas hasta el último detalle. Y esta situación no solo se da en el trabajo, sino también en nuestra vida personal.

Y esta no es la receta ideal para mejorar nuestras relaciones o recibir lo mejor de los demás. Y tampoco te lo aconsejaría para tu nivel de estrés. Así que:

> *Perlas de sabiduría para una gran vida*
>
> Si quieres llevar una gran vida, deja de ser el mandamás del universo.

Aunque esto no significa que renuncies a tus responsabilidades. Por ejemplo, si tienes un hijo pequeño es evidente que debes ocuparte de él, controlarlo y ejercer una gran influencia en su vida, por su propia seguridad. Pero a medida que va creciendo, tienes que ir soltando las riendas. Un exceso de control podría sembrar las semillas de la rebelión en los jóvenes y crear un ambiente conflictivo.

Esta actitud menos controladora y más flexible y adaptable se puede aplicar a todos los aspectos de la vida.

Cuando empecé mi negocio hice todo lo necesario para sacarlo adelante: pedí el material que me hacía falta, llevé las cuentas, envié las facturas a los clientes, me ocupé de la publicidad y creé y ofrecí mis seminarios. Y en un mundo donde aún no existía el PowerPoint, incluso diseñé mis propias hojas de acetato para mi proyector de diapositivas. (¿Nunca has usado uno? ¡No sabes lo que te has perdido!)

A medida que prosperaba, mi mujer se fue implicando cada vez más en el negocio, y más tarde otras personas se sumaron a mi equipo. Sin embargo, durante un tiempo seguí leyendo cada correo que recibía e interesándome por situaciones de las que ahora se ocupaban los miembros de mi equipo. No podía evitarlo, te lo aseguro.

Delegar tareas me costaba horrores. Dejar que los miembros de mi equipo hicieran su trabajo para que yo pudiera dedicarme al mío no fue fácil. O sea que me pasaba muchas horas trabajando, y mi estrés aumentó.

Pero con el paso del tiempo vi, como ocurre en cierto modo con los técnicos de las paradas en boxes en Fórmula 1, que podía confiar en la profesionalidad y la experiencia de mi gran equipo y dejarlos más a su aire. Lo cual me permitió reducir tanto las horas de trabajo como mi nivel de estrés. Y probablemente los miembros de mi equipo también se sintieron más cómodos en sus tareas, sabedores de que confiaba en ellos.

Pero esto no significa que lo haya dejado todo en sus manos.

Aún seguimos organizando reuniones de equipo. Hay momentos en los que sigo necesitando participar en los detalles de ciertos proyectos, pero he aprendido a relajarme más. A confiar más. Esta es la lección más importante que he sacado:

Necesito controlar algunas cosas, pero no es necesario que lo controle todo. La cuestión es saber dónde poner mi energía. Y solo lo sé cuando soy consciente de mis cualidades y de las de mi equipo.

¿Y qué me dices de ti? Reflexiona un momento, tanto sobre tu vida personal como laboral.

¿Necesitas dejar de controlar ciertos aspectos? ¿Cuáles serían las consecuencias si lo hicieras? ¿Quién más, aparte de ti, saldría ganando en ello?

El mundo ya llevaba varios millones de años existiendo antes de que tú nacieras.

Así que...

Perlas de sabiduría para una gran vida

No olvides que la gente se las ha apañado sin ningún problema antes de que vinieras a este mundo, y que lo seguirá haciendo cuando lo abandones.

El afán obsesivo de controlarlo todo es agotador y agobiante para ti. Y además puede ser frustrante y desmoralizador para los demás. Procura ser quizá menos controlador en algunos aspectos. Prepárate para dejar ciertos asuntos y situaciones en manos de otros. Sigue cumpliendo con tus compromisos, pero concédeles a los demás más libertad y responsabilidades, sobre todo en tu vida personal. Déjales madurar y crecer. Es su vida y deben tomar sus propias decisiones. No siempre te parecerán bien. Algunas incluso te dolerán. Cometerán errores. De modo que no dejes de apoyarles, sugiéreles ideas y comparte tu sabiduría. Acepta, simplemente, que tu tarea no es ser el mandamás de su universo. Y si lo eres, tienes que dejar de serlo por su propio bien y el tuyo. De inmediato.

28

Una fórmula crucial
que debes conocer

Como debes de haber descubierto a estas alturas, mi coche es mi segunda residencia. Como, bebo y, en ocasiones, incluso duermo en su interior (pero no temas, solo descabezo un sueño cuando está aparcado). A veces siento como si conociera a la mayoría de empleados de las áreas de servicio de las autopistas del Reino Unido, y es tentador ver todas esas horas conduciendo como un inconveniente de mi trabajo. Pero en realidad es lo contrario.

Las aprovecho para ponerme al día hablando por teléfono con los amigos, y disfruto de mi dosis diaria de oír las noticias deportivas por la radio y, también, de aprender. Al principio, cuando empecé mi negocio, el coche se convirtió en «una universidad durante semanas» mientras escuchaba a lo largo de interminables horas la cautivante información sobre el mundo de los negocios y la vida de hombres y mujeres del otro lado del charco. Algunas de sus ideas eran un tanto descabelladas (nunca llegué a hacer el ejercicio de mirarme desnudo ante el espejo, me reservo esta historia para otro libro). Pero en general, las percepciones y la motivación que me ofrecieron fueron cruciales para mí mientras intentaba establecerme en mi profesión.

Una serie de charlas que recuerdo haber escuchado fueron las del escritor y conferenciante Jack Canfield. Se hizo famoso por ser el coautor de la serie de libros «Sopa de pollo para el alma». En *Self Esteem and Peak Performance*, su curso en audio, compartía una fórmula de lo más sencilla pero increíblemente poderosa a la vez. La fórmula era A + R = Resultado.

Perlas de sabiduría para una gran vida

Es el Acontecimiento más la Respuesta lo que determina el Resultado.

Supongo que ahora salta a la vista, pero de entre todas las ideas que he ido adquiriendo a lo largo de los años, esta en especial me ha dejado una huella muy profunda y duradera.

En resumen, los acontecimientos suceden en nuestra vida. Algunos son maravillosos, otros nos resultan indiferentes y el resto son especialmente difíciles. Sin embargo, el Acontecimiento no es lo único que determina el Resultado, también depende de cómo Respondemos a él.

Por ejemplo, quizá alguien se olvida de felicitarte por tu cumpleaños, no te devuelve una llamada telefónica o parece un poco distante cuando quedáis para tomaros una copa. Estos son los acontecimientos. Pero lo que sucede a continuación no depende solo de lo ocurrido, sino también de cómo respondes a ello.

Así que podemos suavizar la situación y quitarle hierro al asunto, reconocer que puede que esa persona se haya comportado de ese modo por una pila de razones. O sentirnos ofendidos y dolidos, y mostrarnos un poco fríos ante ella. Esta respuesta empeoraría la situación y podría afectar negativamente la relación.

¡Qué interesante!, ¿verdad? Los mismos acontecimientos. Diferentes resultados.

¿Por qué? Por nuestra forma de responder.

Me pregunto en qué situaciones en particular de tu vida crees que valdría la pena recordar esta fórmula.

En mi caso, me doy cuenta de que me he apresurado a culpar a otros de mis sentimientos. Cuando mis hijos eran más pequeños reconozco que no siempre fui el padre más tranquilo y relajado del mundo. Trabajaba desde casa, en un hogar donde los juguetes parecían estar por todas partes menos en su caja, y donde a mi hija, que en aquella época tenía tres años, le daba un berrinche si no le dejaba ponerse al teléfono cuando me llamaban los clientes. Me sentía como si estuviera en un ambiente que propiciara un alto nivel de estrés, y no me ayudaba para nada el hecho de responder adoptando el papel de víctima y culpando a mi esposa y mis hijos de la tensión que me causaba.

Pero cuando por fin dejé de verme como una víctima de la situación, se me ocurrió que tenía una o dos alternativas. Podía influir en el «acontecimiento» y alquilar un despacho para trabajar fuera de casa, o decirles a mis hijos que se mudaran a otro lugar (una petición un tanto excesiva teniendo en cuenta que ambos tenían menos de seis años). O podía cambiar mi forma de reaccionar y decidir no echarle toda la culpa a mi familia por mi estrés, manejar el día mejor e instalar otra línea de teléfono en casa.

Es decir, podía hacer algo sobre el acontecimiento o cambiar mi manera de reaccionar.

¿Qué fue lo que hice?

Elegí reaccionar de otro modo (en parte por no poderme dar el lujo de alquilar otro sitio para que mis hijos se mudaran, y además mi mujer me dijo que los echaría de menos).

Aunque no me transformé de golpe en un gurú plácido y místico que se desplazaba por la casa flotando en el aire sin esfuerzo alguno. Y la verdad es que al principio me costó lo mío. Pero comprendí lo siguiente:

> **CONSEJO PARA VIVIR A LO GRANDE**
>
> Hazte responsable de cómo reaccionas ante las situaciones, en lugar de adoptar el papel de víctima.

Esta fórmula me vino de perlas cuando al cabo de varios años mi negocio fue objeto de lo que yo consideré una publicidad negativa injustificada. Mi primera reacción fue mandar invitaciones para la fiesta de la autocompasión y encargar una pila de camisetas de víctima. Pero este proceder no habría mejorado la situación, aunque yo creyera que tenía todo el derecho a actuar así. En su lugar me responsabilicé de nuestra reacción como equipo. No era el momento de jugar a ser una víctima, sino de responder como un líder. Con el apoyo de mi equipo no solo manejamos la situación de maravilla, sino que además nuestro negocio creció.

Es muy fácil echar la culpa a la gente y las situaciones (el Acontecimiento) por lo que nos ocurre en la vida (el Resultado). Pero recuerda que la fórmula no es A = Re (Acontecimiento = Resultado). Es A + Rp(respuesta) = Resultado. Somos parte de la fórmula.

Perlas de sabiduría para una gran vida

Nuestra respuesta ante las situaciones importa.

La realidad es que no siempre podemos cambiar el acontecimiento, pero podemos decidir reaccionar de otra forma.

Aunque esto no significa que no creamos que los demás son responsables de su conducta o que aceptemos pasivamente la situación. Simplemente, aceptamos que los resultados no son inevitables, ya que nuestra respuesta también los condiciona.

Tal vez desees observar alguna de tus formas de reaccionar ante situaciones que están ocurriendo en tu vida. ¿Es posible que estés representando el papel de víctima? ¿Estás aceptando la situación pasivamente en lugar de pensar que si respondes de otro modo el resultado podría mejorar? Quizá estás dejando tu futuro en manos de la suerte o de otras personas. Tal vez estás esperando que los «acontecimientos» mejoren por arte de magia o se resuelvan solos. De cualquier forma, si quieres llevar una gran vida, asume tus respuestas.

A + Rp = Resultado. Puede que sea una fórmula sencilla, pero te aseguro que es increíblemente poderosa.

29

Una forma infalible para evitar las críticas

Me gustaría hacerte una pregunta. Imagínate que cada escrito que has elaborado en la universidad o en el trabajo fuera hecho público y que la gente pudiera comentarlos a sus anchas. Es decir, todos los deberes, ensayos, exámenes, notas, propuestas de los clientes, etcétera. Es más, imagínate que los comentarios de la gente, fueran positivos o negativos, alentadores o crueles, los pudiera leer todo el mundo.

Intenta asimilar este pensamiento un momento.

Hablando en serio, ¿cómo te sentirías?

Te produciría una sensación rara estar expuesto hasta ese punto a la opinión pública, ¿no te parece? Pero para un escritor no es una situación inusual, es la realidad.

Empecé a escribir libros a principios de la década de 1990. Era un mundo sin Facebook, ni Twitter, ni teléfonos inteligentes. Y sin Amazon, algo interesante para mí como escritor.

Escribir un libro antes de la llegada de Amazon en julio de 1994 significaba esperar que le reservaran un hueco en las estanterías de las librerías, y que los lectores hicieran comentarios positivos sobre él para que se corriera la voz.

Pero la aparición de Amazon lo cambió todo. A partir de entonces fue más fácil comprar libros desde cualquier lugar, y a medida que la gente pudo acceder cada vez más a Internet, dispuso de un espacio para dar su opinión ante un gran número de personas. Los libros no solo se podían adquirir en la Red, sino que cualquiera podía hacer una reseña sobre ellos (aunque no los hubiera leído), y esas reseñas las podía ver el mundo entero. Escribir un libro en la era de Internet te ayuda a llegar a un público más amplio que nunca, y también les ofrece a los internautas la oportunidad de elogiarlo o criticarlo más que en ninguna otra época.

La verdad es que es excitante ver que tu libro se vende en Amazon y esperar a que se encarame a la lista de los más vendidos. Incluso he sido lo bastante afortunado como para ver algunas de mis obras aparecer en los primeros puestos en la lista de superventas. (Mi madre compra un montón de ejemplares.) Cuando me ocurre, hago una captura de pantalla sin pensármelo dos veces.

Pero, al mismo tiempo, también tiene sus inconvenientes.

Aparte del orgullo y la satisfacción de ver tu libro publicado, yo creo que, tanto en mi caso como en el de otros escritores, también te puede generar mucha ansiedad.

¿Y si a los lectores no les gusta el libro?

Antes de julio de 1994, sus comentarios se habrían quedado dentro de su círculo de amistades. Pero ahora las cosas han cambiado.

En la actualidad se entera el mundo entero, y tras haber recibido varios cientos de reseñas de mis libros, sé que la gente no se muerde la lengua. Sus críticas son tanto mordaces como personales. Pero me alegra decir que la gran mayoría de comentarios son sumamente positivos. Aunque ¿adivinas en cuáles suelo fijarme?

Supongo que es el precio que hay que pagar por salir a la palestra y publicar tu libro «ahí fuera». Das oportunidad a que los lectores elogien o critiquen tu obra. Y las críticas no son fáciles de recibir, sobre todo si se hacen públicamente. Pero respira tranquilo, porque hay una forma de evitarlas. Y es, simplemente, la siguiente:

No hagas nada. No seas nadie. No digas nada.

Sé una persona anónima. Mantente en la sombra.

No es fácil ser objeto de críticas cuando nadie te ve. Cuesta llevarte la contraria y ponerte en duda cuando no tienes nada que decir.

Es casi una forma infalible para evitar las críticas. Pero no es una receta para el éxito.

Supongo que tu meta no es afrontar andando de puntillas la gran variedad de oportunidades que la vida te ofrece con el único propósito de no molestar a nadie.

Aunque no estoy sugiriendo que debamos hacer lo imposible por incordiar y exasperar deliberadamente al prójimo (aunque a algunos les salga de natural). También reconozco que las críticas, aunque no siempre sean bienvenidas, pueden ser útiles. Pero...

Perlas de sabiduría para una gran vida

Si quieres alcanzar algo en la vida, lo más probable es que recibas algunas críticas por el camino.

Me encanta la respuesta que Elizabeth Gilbert dio sobre una crítica que le hicieron de su libro *Comer, rezar, amar*:

> Detesto ponerme metafísica, pero estamos en este mundo por poco tiempo. Somos mortales y la vida se va en un suspiro. Me importa un bledo el lugar donde la gente me meta en los archivos de su imaginación... El reloj sigue avanzando inexorablemente, la energía y los recursos tienen un límite, y no pienso malgastarlos preocupándome por lo que la gente piensa de mí.

¿Nos llegamos a acostumbrar a las críticas? Es posible que algunas personas lo hagan, sobre todo los políticos. Pero para otras siempre será un plato amargo. Pero cuando te critiquen y te hieran, recuerda que esos chichones y moratones indican que estás participando en la vida. Sigues jugando el partido, en lugar de mirarlo a hurtadillas desde el banquillo.

Y recuerda esta opción:

No hagas nada. No seas nadie. No digas nada.

No es exactamente una estrategia para el éxito, la plenitud o la felicidad. Pero es una forma infalible para evitar las críticas.

30

No siempre le caerás bien
a todo el mundo

Bridgette llegó temprano a mi seminario, mientras yo estaba preparando aún la sala.

Era la primera vez que nos veíamos.

Mientras tanto, se sirvió un café, se sentó y se dispuso a leer el periódico. Intercambiamos unas breves palabras de cortesía.

Cuando terminé de preparar la sala cinco minutos más tarde, me acerqué a Bridgette equipado con mi calurosa sonrisa y un platillo con galletas de jengibre. Advertí que había abierto el periódico por la sección de las inmobiliarias. Para romper el hielo, tras ver el poco interés que mostraba por las galletas, le pregunté:

«¡Vaya!, ¿estás planeando mudarte?»

La respuesta de Bridgette fue rápida e inolvidable.

«¿Y a ti qué te importa?»

Me dio la impresión de que no le apetecía charlar un poco. (Suelo pillar enseguida cuándo alguien no está de humor para la plática.)

Cuando sus colegas llegaron al poco tiempo, fue un alivio para mí. El extraño silencio que reinaba en la sala se trocó al cabo de poco en risas y charlas. Acabó siendo un buen día.

Durante el seminario los colegas de Bridgette se mostraron participativos y deseosos de aprender, por lo que más tarde pude ver. Pero en lo que respecta a Bridgette, apenas me sorprendió lo que escribió en la hoja de evaluación. Creo que es justo decir que no fue una de mis mayores admiradoras, y fue muy crítica conmigo el día entero.

Mientras conducía de vuelta a casa tras dar el seminario, no me podía quitar de la cabeza el encuentro con Bridgette. Me venían sus comentarios a la mente una y otra vez.

Ya hace varios años que me ocurrió, y desde entonces he conocido a una o dos personas más como ella. Nunca es un plato de buen gusto que te critiquen, sobre todo cuando las críticas te parecen infundadas. Pero la experiencia me ha enseñado varias cosas.

En primer lugar, me ha enseñado a sopesar las críticas en lugar de descartarlas de entrada.

En segundo lugar, he aprendido que no a todo el mundo le gustará mi estilo o mi personalidad. Así que es mejor que deje de intentar caerles bien a todos.

Está clarísimo que nunca lo lograré. Intentar hacerlo solo me impediría dormir bien por la noche y me estresaría.

No a todo el mundo le gustan mis siglas «SUMO» [Shut Up, Move On: «Cállate, Sigue Adelante»], a pesar de que les asegure que no son tan agresivas como parecen. Pero Kirsty Spraggon, una conferenciante amiga mía, me dio un gran consejo. Me escribió:

No intentes satisfacer a los que no pillan tu mensaje o se sienten ofendidos por él, si no les gusta será por alguna razón. Confía, simplemente, en que les gustará a los que capten a qué te refieres.

Sus palabras me quitaron un gran peso de encima. En la vida no le caeré bien a todo el mundo. Y tú tampoco. Pero, ¿sabes qué? Está bien.

Perlas de sabiduría para una gran vida

A algunas personas no les caerás bien. Y punto. Incluso puede que estén intentando sentirse a gusto en su propia piel.

Ser rechazados no es agradable. Cuando nos hacen el vacío se activa en el cerebro la misma región que cuando nos hieren físicamente. Es lógico que a veces nos pongamos a la defensiva cuando nos critican. Y es muy molesto ver que, a pesar de haber hecho todo lo posible para caerles bien, algunas personas nos siguen teniendo manía.

El cerebro humano ha evolucionado para captar la negatividad, por eso un comentario negativo nos impacta más que 10 positivos. De ahí que sea importante (aunque no siempre es fácil) ver las cosas desde una cierta distancia y recordar las relaciones positivas que hay en nuestra vida. (Pero si la realidad es que nadie te puede tragar, lo más probable es que tengas un serio problema.)

Para mí la relación que mantengo con mi mujer, mis hijos y mis amigos cercanos es crucial. Me fijo más en la opinión que tienen de mí que en la de un desconocido que probablemente no volveré a ver nunca más.

Y no olvides que los partidos políticos ganan las elecciones a pesar de haber recibido menos del 50% de los votos. Acaban subiendo al poder, pese al alto porcentaje de ciudadanos que no los ha votado.

La lección que esto nos enseña es…

Triunfar no significa que todo el mundo vaya a coincidir contigo.

Hazme caso:

> **CONSEJO PARA VIVIR A LO GRANDE**
>
> Deja de perder el tiempo y la energía intentando caerle bien a todo el mundo. Estás aquí para dejar huella, y no para ganar un concurso de popularidad.

Y procura no gastar la energía en guardarles rencor a los que te tienen manía.

Recuerda que tú estás haciendo tu viaje vital y ellos el suyo.

Respeto la opinión de Bridgette, pero no dejo que me afecte. En la hoja de evaluación me aconsejaba dejar de impartir talleres y bajar de las nubes para tomar conciencia del mundo real. Nuestros caminos no se volvieron a cruzar, pero entendí por qué su jefe creyó que le iría bien hacer mi seminario.

¿Sabes el título que le puse?

«Crear relaciones provechosas con los clientes y los compañeros de trabajo.»

La cuestión es la siguiente:

Si te pasas la vida intentando contentar a los demás, nunca serás feliz. Y no es esa la receta para llevar una gran vida.

Así que hazte un favor y acostúmbrate a la idea:

No siempre le caerás bien a todo el mundo.

31

Ocúpate de tu dieta mental

Ruth, mi hija, tocaba el piano cuando era más joven. Pero durante varios años dejó de tocarlo. Ahora, a los 22, ha vuelto a hacerlo hace poco.

Su primer intento de interpretar una melodía al piano se podría describir como «oxidado». Se quedó un poco desanimada.

Pero, de pronto, ocurrió algo interesante.

Para mi cumpleaños decidió comprarme una lata *vintage* de café y acompañarla con 52 citas motivacionales e inspiradoras. Ahora, cada lunes por la mañana, en lugar de tomarme simplemente una taza de café para despejarme (o un desayuno servido en un Premier Inn), elijo una cita para la semana.

Ruth se pasó varios días eligiendo 52 citas y luego las escribió para incorporarlas a la lata. Tal vez sin darse cuenta siquiera, estaba alimentando su mente con varios pensamientos enriquecedores.

Y, ¿sabes qué?

Volvió a tocar el piano y consiguió interpretar una melodía con la que tenía problemas de niña.

Perlas de sabiduría para una gran vida

Nuestros pensamientos son en realidad muy poderosos y profundos.

Lo cierto es que las conversaciones interiores que mantenemos con nosotros mismos cuentan más de lo que creemos.

Aquí tienes dos preguntas para hacerte:

¿Cómo es tu dieta mental? ¿Es nutritiva y estimula tu motivación, un buen estado de ánimo y tus valores?

¿Tus conversaciones interiores son útiles o te impiden llevar una gran vida?

Para que estemos sanos nos animan a fijarnos en lo que comemos y a reducir el consumo de ciertos alimentos. Es un gran consejo para nuestro bienestar físico, pero me gustaría hablar de dos formas de mejorar nuestra dieta mental y de aumentar, por tanto, nuestro bienestar mental y emocional.

Equípate con la gratitud

Si tecleas en Google «la ciencia de la gratitud», aparecerán en la pantalla una multitud de estudios académicos en los que se proclaman los beneficios del agradecimiento. Las investigaciones, en particular las de Robert Emmons y

Mike McCullogh, de la Universidad de California y de la de Miami respectivamente, destacan los grandes beneficios de sentirnos agradecidos a diario y cómo esta actitud afecta nuestra felicidad, la calidad de nuestras relaciones y también los propios niveles de generosidad.

Si dudas del impacto de la gratitud, echa un vistazo a las investigaciones científicas que se han llevado a cabo al respecto.

Perlas de sabiduría para una gran vida

Incluso al cínico más empedernido le costará poner en duda las contundentes pruebas sobre los beneficios de praticar la gratitud.

¿Cómo puedes incorporar la gratitud a la vida cotidiana? Solo puedo hablar de mi experiencia personal, pero esto es lo que yo hago.

En primer lugar, antes de levantarme de la cama por la mañana, reflexiono sobre mis «cuatro agradecimientos», es decir, las cuatro cosas que agradezco del día anterior. Y lo interesante es lo siguiente:

Siempre me cuesta.

Porque se me ocurren más de cuatro.

La realidad es que «si las buscas, las encontrarás», y cuando empiezas a buscar cosas por las que sentirte agradecido, a tu cerebro le encanta encontrarlas para ti.

Al hacerlo nada más empezar el día alimento mi mente con un subidón positivo en lugar de dejarlo en manos de las noticias de la jornada (raras veces son buenas) o del estado emocional con el que me levante. Me hago responsable de mi forma de empezar el día.

Hay algo más que llevo haciendo durante los últimos años. He establecido un ritual cada domingo por la mañana en el que saco mi diario (en mi mente lo llamo mi Diario de la Gratitud) y recuerdo las cosas de la semana que me han hecho sonreír. Puede ser cualquier cosa, desde ponerme al día con un amigo hasta disfrutar acariciando a mis gatos, un tren que ha llegado puntual o si ha brillado el sol esa semana (algo inusual en el Norte de Inglaterra).

He escrito muchos de episodios de ese tipo en mi diario, y es increíblemente gratificante recordarlos y leer todo lo que he vivido y encontrado en la vida. Procuro recordar y anotar situaciones que de lo contrario caerían en el olvido.

Depende de ti cómo decidas practicar la gratitud, solo asegúrate de hacerlo. Yo creo que tendrían que enseñarlo en el colegio, porque todos los estudiantes, tengan la edad que tengan, necesitan que les ayuden a seguir una dieta mental sana.

Mantén conversaciones más afectuosas... contigo mismo

He asesorado a suficientes clientes como para saber que las conversaciones interiores que mantenemos con nosotros mismos no son afectuosas. A decir verdad, son despiadadas. Es fácil machacarnos por no ser siempre perfectos, y ser nuestros peores críticos en lugar de mentores excelentes. Yo me llevo la palma en este sentido. ¿Y qué me dices de ti?

Las siguientes frases equivalen a alimentarnos mentalmente con comida basura:

«Nunca se me dará bien lo de...»

«Soy un idiota.»

«Mis profesores tenían razón, nunca haré nada en la vida.»

«Soy un caso perdido, nunca aprenderé la lección.»

Pero la buena noticia es la siguiente:

Es posible cambiar de dieta mental, al igual que ocurre con la física. Puedes decidir de inmediato cambiar de dieta, y aunque tardes un tiempo en ver sus beneficios, los notarás. Te lo aseguro, lo sé de primera mano.

Empieza usando en tus conversaciones interiores un lenguaje más fortalecedor, constructivo y compasivo. ¿Cómo?

Si tomas los siguientes suplementos, tu dieta mental mejorará una enormidad y te sentirás mejor emocionalmente. ¿Cuáles podrías empezar a tomar a diario?

«Sé que tengo fallos, pero aun así valgo como persona.»

«Reconozco y valoro las numerosas cualidades que tengo.»

«Cometo errores, pero no dejo que me afecten negativamente.»

«Estoy aprendiendo a ser mi mejor amigo.»

«Soy capaz de seguir mejorando.»

También puedes incluir en tu dieta mental frases de tu propia cosecha. El secreto es asegurarte de usarlas con regularidad. Y si se te ocurren algunas y quieres compartirlas conmigo, envíamelas por correo electrónico a Paul. McGee@theSUMOguy.com. Me encantará conocerlas.

Perlas de sabiduría para una gran vida

Para llevar una gran vida desarrolla también, aparte de tus habilidades, una buena forma de pensar.

La salud de tu forma de pensar depende de con qué la alimentes.

No te hinches de negatividad, llénate de energía y aliméntate con una dieta mental nutritiva. Para ello, equípate con la gratitud y mantén conversaciones más afectuosas… contigo mismo.

Estoy seguro de que a mi hija se le soltaron los dedos cuando volvió a tocar el piano, pero me parece que la mente también se le soltó. Y oírla tocar fue un regalo para mis oídos, como si me alimentara el alma.

32

Guárdate de la maldición
de la comodidad

Si estás leyendo este libro en un lugar concurrido, tal vez en el vagón de un tren o en una cafetería, quizá desees hacer el siguiente ejercicio de manera sutil sin llamar la atención.

¿Estás preparado?

Aquí lo tienes.

Estira, simplemente, ambas manos frente a ti, con los dedos apuntando hacia delante. Une ahora las manos de modo que un pulgar te quede encima del otro.

Observa cuál es el pulgar que te ha quedado encima. ¿El derecho o el izquierdo?

Si es el derecho, eres como yo.

Y tal vez hayas leído últimamente que ciertas investigaciones sugieren que quienes ponen el pulgar derecho encima suelen ser más inteligentes que los que ponen el izquierdo.

De verdad.

Separa ahora las manos. En esta ocasión, cuando las vuelvas a unir, haz que el pulgar que te quedó debajo te quede encima (en mi caso, será el izquierdo).

¿Qué sensación te produce?

La mayoría de las personas afirman sentirse raras al hacer este cambio. Y aunque no sea así, admiten que la segunda vez les costó un poco más que la primera.

Si has hecho este ejercicio en un lugar público, tal vez quieras echar una ojeada a tu alrededor para ver si alguien te está mirando con recelo. Si es así, sonríele con cordialidad y sigue leyendo.

¿Para qué sirve este ejercicio?

La vida a veces se parece a lo que acabamos de hacer. Es decir, al intentar realizar algo distinto de lo acostumbrado nos sentimos raros.

Y cuando nos ocurre, nos asalta la tentación de volver a lo de siempre para sentirnos más cómodos.

¿Estás de acuerdo?

Por supuesto, está bien seguir haciendo aquello con lo que nos sintamos cómodos, sobre todo si cambiarlo no nos aporta ningún beneficio tangible (nuestra vida no va a cambiar notablemente por el hecho de haber cambiado el pulgar que nos quedaba encima cuando unimos las manos).

Pero ¿podría nuestro deseo de seguir como siempre y la atracción que sentimos por lo conocido estar impidiéndonos llevar una gran vida? Es posible.

Los psicólogos afirman que a todos nos gusta quedarnos en nuestra zona de comodidad, pero lo más interesante es lo siguiente:

Perlas de sabiduría para una gran vida

Las investigaciones señalan que no siempre hacemos lo que nos hace felices, sino lo más fácil y cómodo.

¿Por qué actuamos así?

Como ya habrás descubierto en otros capítulos, el cerebro siempre está buscando alguna manera de ahorrar energía y de mantenernos a salvo. De ahí que, aunque salir una noche con los amigos sea lo que nos haga felices, si hace una noche húmeda y fría es probable que elijamos la cómoda opción de pedir una pizza por teléfono y quedarnos en casa mirando la tele.

¿Por qué?

Es la más fácil y cómoda.

En su libro *Agilidad emocional*, Susan David lo denomina la maldición de la comodidad.

Si solo quieres hacerte la vida fácil y esa opción te hace sentir feliz y lleno, ¿quién soy yo para llevarte la contraria? Lo que ocurre es que tengo la profunda sospecha de que si has decidido leer este libro es porque algo en tu fuero interno quiere hacer algo más aparte de lo más fácil.

¿Estoy en lo cierto?

Si quieres llevar una gran vida, tienes que hacerte esta pregunta tan importante:

«¿Dónde se encuentran realmente las oportunidades, dentro o fuera de mi zona de comodidad?»

La verdad es que, en el fondo, creo que ya sabemos la respuesta.

No hay nada malo en seguir actuando en tu zona de comodidad. Seguir haciendo lo de siempre es reconfortante y tranquilizador. Pero me gustaría preguntarte lo siguiente:

¿Hay ocasiones en las que sabes que probarías algo nuevo o distinto, pero no lo haces por no salir de tu zona de comodidad?

Reto para vivir a lo grande

¿Tu manta de la comodidad se ha acabado convirtiendo en una camisa de fuerza?

Creo que nuestra tendencia a elegir lo más fácil en lugar de lo que nos hace felices es más habitual de lo que creemos.

Te lo explicaré.

Recientemente invité a mi madre a cenar en un restaurante para celebrar su 76 aniversario. En ese momento, estaba esperando a que le hicieran una operación de prótesis de rodilla y andaba con dificultad. Levantarse de la silla incluso le costaba más aún.

Mientras nos dirigíamos a la mesa que habíamos reservado, mi madre descubrió en una vitrina de cristal los postres. Se detuvo un momento para contemplarlos.

Después de tomar el segundo plato, le pregunté si quería ir a ver los postres de la vitrina para elegir uno. Significaba levantarse de la silla, algo que le resultaba doloroso (aunque tendría que hacerlo cuando nos fuéramos del restaurante).

Sabía que quería un postre, y aunque el pastel de chocolate tenía un aspecto tentador, creo que el de limón cubierto de merengue le estaba pidiendo a gritos «cómeme».

Me ofrecí para ayudarla a levantarse y acompañarla hasta la vitrina.

«Gracias Paul, te lo agradezco, pero prefiero no ir, es demasiada molestia», me contestó. «Tomaré un café.»

Indudablemente, ir a elegir el postre le causaría un cierto dolor temporal, pero era su cumpleaños, y la selección de pasteles era espléndida. Quería que disfrutara de la ocasión.

No me malinterpretes. No la estaba obligando a ir a buscar un postre, pero sabía que le encantaría. La animé con suavidad a hacer lo que sabía que la haría feliz.

Y ¿sabes qué?

Se sobrepuso a la barrera del dolor y disfrutó una barbaridad con su postre. Nunca he visto una porción grande de pastel de limón cubierto de merengue esfumarse con tanta rapidez.

Me pregunto cuál es para ti el equivalente al postre de mi madre.

Sabes que quieres algo, pero también eres consciente de que conseguirlo te producirá un cierto grado de incomodidad.

Quizá significa trabajar más horas o estudiar más. O conocer a gente nueva, o ir a lugares donde no has estado nunca.

No estoy sugiriendo que no te guste lo que estás haciendo. Pero...

Reto para vivir a lo grande

¿Nos está la vida ofreciendo un menú más abundante y variado del que estamos saboreando?

Acaba el segundo plato y tómate el café, pero ¿hay algún postre que sabes que te gusta con locura?

Bien, reconozco que hacer lo de siempre es agradable, e incluso es comprensible que a veces queramos seguir con nuestra rutina.

Pero sé consciente de lo siguiente:

Cuando mejor solemos sentirnos es cuando las actividades que realizamos nos obligan a autosuperarnos.

Perlas de sabiduría para una gran vida

La plenitud no viene de evitar siempre los retos, sino de irlos superando.

Me encanta esta cita de la escritora y conferenciante Brené Brown.

Tómate tu tiempo para reflexionar sobre ella.

La gran pregunta que me hago es esta: «Cuando he tenido la oportunidad, ¿he elegido la valentía por encima de la comodidad?»

La cuestión es la siguiente:

La vida es un privilegio increíble que conlleva muchos retos, y también unas oportunidades sorprendentes.

Pero plantéate un momento si elegir siempre la opción más fácil y seguir el camino conocido te está ayudando a vivir toda la riqueza de la vida.

A veces el éxito, la plenitud y la felicidad te están aguardando en cuanto sales de tu zona de comodidad.

¿Tienes el valor para descubrirlos?

La buena noticia es que puedes tener tu pastel y comértelo. Pero antes de poder degustarlo debes lanzarte a la acción.

Y vencer, además, la maldición de la comodidad.

33

Sé flexible para triunfar

Al hijo de un vicario de Shrewsbury le atribuyen unas palabras que nunca pronunció.

Dicen más o menos lo siguiente:

> Las especies que sobreviven no son las más fuertes ni las más inteligentes, sino aquellas que se adaptan mejor al cambio.

El hijo del vicario era Charles Darwin.

Quienquiera que las pronunciara llevaba razón, ¿no te parece?

Lo que cuenta no es el éxito que hemos tenido, sino el que estamos teniendo. Muchas compañías pueden jactarse de un glorioso pasado: Kodak, Blockbuster, Woolworths. Pero desaparecieron por no saber adaptarse a los cambios.

En nuestra vida, la falta de flexibilidad o de deseo de adaptarnos al mundo que nos rodea también puede ser un obstáculo.

Perlas de sabiduría para una gran vida

Es fácil apegarnos a nuestra forma habitual de actuar y justificar nuestra obstinada negativa a cambiar como una virtud.

Pero a veces tenemos que detenernos, reflexionar y preguntarnos si nuestra forma de abordar la vida nos está funcionando.

¿Nos está ayudando u obstaculizando?

¿Es nuestra testarudez una virtud surgida de nuestro empuje, determinación y concentración, o una debilidad originada por el miedo al cambio y el deseo de aferrarnos al pasado? Solo tú puedes responder a esta pregunta con sinceridad. Pero vale la pena considerar lo siguiente:

Perlas de sabiduría para una gran vida

Un camino muy trillado no significa que debamos seguirlo por ser el mejor.

Tal vez seremos más exitosos y felices si somos más flexibles y menos rígidos en nuestra forma de actuar.

Es sin duda un consejo que he tenido que aplicar a mi vida. Te lo explicaré.

Probablemente se me conoce sobre todo por dos cosas. Mi familia me conoce por tener el peor sentido de la orientación de toda la historia de la humanidad. Incluso bromean diciéndome que necesito que me ayuden a orientarme cuando salgo del ascensor.

Pero los que no forman parte de mi familia, probablemente me conocen en especial por las siglas SUMO (Shut Up, Move On). [En español «Cállate, sigue Adelante», respectivamente.] Es el título del *bestseller* que más se ha vendido de los que he escrito, y también es mi marca. Se me conoce como el SUMO.

Te contaré cómo tuve que ser flexible para triunfar y adaptar mi método a mi negocio.

Hace varios años quise desarrollar mi material y hacerlo accesible a los estudiantes. Contraté a un profesor de primaria, a otro de secundaria y a un monitor juvenil para que me ayudaran a llevarlo a cabo. Así fue como nació SUMO4Schools.

Una serie de colegios adoptaron mi método SUMO. Pero a lo largo del proceso mantuve una conversación tremendamente transformadora con la directora de un colegio de primaria. Fue más o menos así:

«Paul, soy una gran admiradora tuya. Me encanta tu libro *SUMO*. Y a mi marido también, y eso que apenas lee ninguno. A mi equipo le entusiasmó la formación que les ofreciste, y me alegra enormemente poder decir que nuestros alumnos se lo están pasando en grande con las lecciones SUMO».

Sin embargo, intuí que se cernía a poca distancia del horizonte una palabra de cuatro letras.

Y no andaba errado.

«Pero… no me gusta lo que significan las siglas SUMO. Sé que para ti "Cállate" no es una palabra agresiva en ese contexto. Sé a lo que te refieres, pero tengo un problema.»

«De acuerdo, Diane. Soy todo oídos.»

«La madre de un alumno me preguntó recientemente qué significaba SUMO. Su hijo George ha estado haciendo algunas actividades SUMO en clase y ella tenía curiosidad por saber de dónde venía la palabra. El problema es, Paul, que me sentí muy incómoda cuando le dije que significa "Cállate, Sigue Adelante". George solo tiene siete años. A nuestros alumnos les decimos que es una falta de respeto soltarle a alguien "Cállate".

»Me gustaría que la cambiaras. Si no lo haces, por más que lo lamente, no creo que me sienta lo bastante cómoda para dejar que mis alumnos sigan utilizando tu método.»

Mientras la escuchaba, admito que mi primera reacción fue defender lo mío.

«Pero Diane, es mi marca. Me conocen por estas siglas. Me ha llevado años crearla», repuse.

«Te entiendo, Paul. Y como ya te he dicho, me encanta tu libro, pero a no ser que cambies las siglas, no creo que pueda seguir usando tu método en mi colegio.»

¿Qué hice?

Reflexionemos de nuevo un momento sobre la cita de Darwin:

Las especies que sobreviven no son las más fuertes ni las más inteligentes, sino aquellas que se adaptan mejor al cambio.

En ese instante me pareció muy adecuada.

En el Reino Unido hay varios miles de escuelas primarias. Es una cantidad tremenda de alumnos a los que el método SUMO podría ayudar. Y empecé a preguntarme si sería Diane la única que tendría un problema con la palabra «Cállate».

Honestamente, creí que no sería la única.

Pero si McDonald's puede ofrecer ensaladas (lo está haciendo desde 2005), en ese caso tal vez yo podía ser más flexible en cuanto a mi método.

Me llevó varias semanas, pero hablé del tema con mi equipo y al final decidimos que SUMO tanto podía significar «Cállate, Sigue Adelante» como Stop, Understand, Move On, es decir:

«Detente, Entiéndelo, Sigue Adelante.»

Y el colegio de Diane sigue estando encantado con el método SUMO.

No estoy sugiriendo que abandonemos nuestros principios o traicionemos nuestros valores. En absoluto. Simplemente, me refiero a que a veces tenemos que adaptarnos. Al fin y al cabo, con la rapidez con la que la tecnología está cambiando nuestra forma de vivir y trabajar, creo que es esencial que nos adaptemos. Por más que hayamos triunfado en el pasado, lo que estamos haciendo ahora es lo que cuenta.

Perlas de sabiduría para una gran vida

Las especies que sobreviven son las que se adaptan al medio y no las que se revuelven contra él.

Una gran vida va de la mano de estar abiertos a nuevas ideas, de la predisposición de adaptarnos a los cambios y de saber que lo que nos funcionó de maravilla en el pasado puede que ahora no nos funcione tan bien.

Todo trata de afrontar el mundo tal y como es, y no como nos gustaría que fuera.

Un conferenciante motivacional de Manchester dijo en una ocasión:

La testarudez es una opción, no una enfermedad.

Y por tal razón, para labrarnos una gran vida y triunfar, tenemos que ser flexibles.

34

Saca el líder que llevas dentro

Me encanta tuitear sobre toda clase de temas (puedes seguir mis tuits en @TheSumoGuy). Dos de los más populares tenían que ver con el día que no me di cuenta del jersey nuevo que llevaba mi mujer, y con cuando no advertí su nuevo corte de pelo. Mi falta de observación dio mucho que hablar.

Esos tuits los envié desde la cama cuando estaba ingresado en el hospital.

Pero incluso no causaron tanto revuelo como este:

Perlas de sabiduría para una gran vida

Cuanto mayor me hago, más veo que, pese a tener líderes para dar y vender, andamos cortos de liderazgo.

Tu primera reacción puede que sea coincidir con la afirmación, pero tal vez no creas que sea importante en tu vida, porque no eres un líder.

Pues tengo una noticia para ti: sí lo eres.

Quizá no sea el cargo que ostentas, pero sacar el líder que llevas dentro es esencial si quieres aprovechar al máximo la vida, por la siguiente razón.

Si tecleas en un buscador «rasgos de un líder», descubrirás respuestas como «demuestra iniciativa, asume responsabilidades, tiene valor, es influyente, da ejemplo, es flexible y emprende acciones positivas». En mi opinión, estos rasgos mejoran la vida de cualquiera. Tal vez no seamos un líder para los demás, pero todos necesitamos serlo para nosotros mismos.

Reconozco que nadie llega a este mundo siendo un líder. Cuando nacemos dependemos de otros para nuestra supervivencia más que cualquier otra especie.

Pero crecemos, al menos físicamente, y a medida que lo hacemos, a no ser que nos lo impida un problema de salud o médico, nos vamos volviendo menos dependientes de los demás. (Reconozco que algunos padres de adolescentes puede que discrepen con contundencia conmigo.)

Aunque no todo el mundo madura emocionalmente. Y quizá uno de los signos más evidentes es cuando no asumimos nuestros actos. Y nos comportamos como seres indefensos que esperamos que los demás nos llenen y satisfagan nuestras necesidades.

Claro que necesitamos el apoyo de los demás. Pero también necesitamos crecer y madurar y convertirnos en personas responsables de nuestros actos y decisiones.

La clave para conseguirlo es empezar a reflexionar sobre cómo nos vemos a nosotros mismos. La autoimagen que tenemos es crucial.

Por ejemplo, si creemos tener poca influencia, control o poder en los acontecimientos de nuestra vida, tenderemos a llevar una vida pasiva, reactiva y fatalista. Aunque alberguemos sueños y esperanzas, creeremos estar en manos del destino, de la suerte o quizá de un ser divino para que se hagan realidad.

Pero si nos vemos como un líder capaz de moldear y cambiar nuestro futuro, el resultado será muy distinto.

La cuestión es la siguiente:

Todo lo que piensas y sientes sobre ti y tu vida acabará influyendo en cómo vives tu vida. Yo que tú volvería a leer esta frase. Es muy poderosa.

Perlas de sabiduría para una gran vida

La historia que te cuentas de quien eres y de por qué estás aquí influye en tu conducta y tu futuro.

Es decir, un cambio de identidad provoca un cambio de conducta. ¿No acabas de creértelo? Pues te lo ilustraré con un ejemplo.

De vez en cuando un amigo mío me invita a ver jugar al Manchester United en su estadio.

Los asientos que tiene están muy bien situados. Y es un privilegio ir a ver un partido en directo.

El caso es que no soy fan del Manchester United. Pero cuando voy con mi amigo me comporto como si fuera un forofo de ese equipo (siempre llevo emparedados de langostinos, que compartimos en el descanso). Si no los llevara, no me volvería a invitar nunca más. Si al

Manchester United le meten un gol (reconozco que es una remota posibilidad si juegan contra el Bradford City o el Wigan Athletic), no me levanto de un brinco y vitoreo al equipo visitante. Valoro mucho mi propia seguridad.

Como ves, mi identidad temporal condiciona mi conducta.

También lo podemos ver del siguiente modo.

Imagínate que resumes lo que piensas de ti en una palabra o una frase breve y la imprimes en la camiseta que llevas a diario. Dependiendo de cuál sea el mensaje de la camiseta, te puede dar mucha fuerza. Al igual que llevar la camiseta de tu equipo favorito está vinculado a tu identidad, lo mismo ocurre con el mensaje de la camiseta.

Pero a lo mejor el verdadero poder del mensaje no es lo que les comunica a los demás, sino sobre todo lo que te transmite a ti.

Sea cual sea el mensaje, sea cual sea la historia que nos contemos en nuestra cabeza, estas cosas influyen realmente en nuestra conducta.

Me gustaría hacerte una pregunta, y te pido que seas sincero cuando la respondas.

Si tuvieras que imprimir esa clase de mensaje en tu camiseta, ¿cuál sería?

Si no es un mensaje positivo o empoderador, ha llegado el momento de invertir en un nuevo vestuario.

Una de las lecciones más importantes que he aprendido a lo largo de mis 50 años en este planeta es la siguiente:

Perlas de sabiduría para una gran vida

Si quieres vivir una gran vida, deja de esperar a que ocurra. Toma cartas en el asunto.

Reza, si eres una persona creyente, pero acepta que podrías perfectamente ser la respuesta a tus oraciones.

CONSEJO PARA VIVIR A LO GRANDE

Empieza a buscar las respuestas dentro de ti en lugar de esperar a que alguien te rescate.

Puede que hayamos nacido desvalidos, pero no tenemos por qué seguir siéndolo.

No eres un transeúnte pasivo contemplando cómo acaece tu vida. Estás jugando el partido. Eres el piloto, y no un pasajero que viaja en el coche a regañadientes.

La vida está aconteciendo ahora. Ha llegado el momento de despertar en lugar de vivir los días amodorrado.

Es hora de afrontar nuestras responsabilidades, de hacer todo lo posible (por limitado que sea) para ser la mejor versión de nosotros mismos, y también para ayudar a los demás.

Tal vez nunca lideres un equipo, un negocio o una organización, pero esto no te impide liderar tu vida y marcar una diferencia positiva en el mundo.

Las siguientes palabras de Barack Obama me parecen muy estimulantes. Espero que para ti también lo sean:

El cambio no vendrá si esperamos a otra persona u otro momento. Somos los que hemos estado esperando. Somos el cambio que buscamos.

Qué frase más poderosa, ¿no crees? Me parece que tendré que tuitearla.

35

Pon tus palabras en acción

Creo que en la actualidad muchas personas sufren una enfermedad. La llamo «la quimera de la acción».

Entre los síntomas se cuentan parecer siempre ocupado, quejarse constantemente de falta de tiempo y pasar innumerables horas en reuniones. De entre los síntomas que hacen que la enfermedad se cronifique, el más común es hablar de lo que haremos en lugar de pasar a la acción.

Perlas de sabiduría para una gran vida

La quimera de la actividad hace que confundamos actividad con eficiencia, creemos que estar ocupados significa ser productivos.

Entiendo que nos pueda gustar el ajetreo. Nos hace sentir importantes. Y es fácil confundir el movimiento y el trajín con progreso.

Te explicaré a qué me refiero.

Un caballito de balancín se mueve mucho, pero ¿va a alguna parte? Y las conversaciones interminables sobre lo que haremos no sustituyen la propia acción.

¿Estás de acuerdo?

A propósito, me encanta el ejemplo del caballito de balancín.

Una gran vida no se forja hablando, simplemente, de ella. Tener infinitas reuniones y muchos planes puede volverse una forma sutil, aunque también peligrosa, de evitar tomar decisiones o pasar a la acción.

La cuestión es que trabajar muchas horas y dejarnos la piel en nuestra profesión no es el secreto para el éxito.

Perlas de sabiduría para una gran vida

Lo que cuenta no son las horas que inviertes, sino lo que inviertes en las horas.

Sí, es importante hablar y planificar, pero todo esto tiene que llevarnos a alguna parte: a la acción.

Por ejemplo, leer este libro es una actividad. Te ocupa tiempo. Me encantaría que le hablaras de él a tus amigos. Pero no vas a llevar una gran vida gracias a lo que leas o a las conversaciones que mantengas. Puede ayudarte en parte, pero al fin y al cabo es la acción lo que te permitirá alcanzarla.

¿Qué nos impide pasar a la acción?

Creo que se debe a muchos factores, pero volvernos esclavos de nuestras emociones es uno de los más sutiles y engañosos.

En resumen, esperamos tener el sentimiento adecuado antes de hacer algo.

Esperamos sentirnos motivados, seguros o creativos antes de iniciar un proyecto.

El problema es que, si esperamos a tener los sentimientos adecuados antes de lanzarnos a la acción, podríamos estar esperando largo tiempo.

Creo de verdad que en gran parte el secreto de lo que debemos hacer en la vida no es tan complicado. Pero lo complicamos al analizar y pensar demasiado cada decisión y dejar que nuestras emociones sean un obstáculo para nuestras acciones.

¿Cómo puedes superar este problema?

Antes que nada, empieza con lo siguiente:

> **CONSEJO PARA VIVIR A LO GRANDE**
>
> Ten claro lo que quieres hacer y, sobre todo, por qué quieres hacerlo.

Las siguiedntes tres preguntas te ayudarán a salir de dudas:

- ➟ «¿Qué es lo que realmente debo hacer hoy?»
- ➟ «¿Cuál es la primera acción que emprenderé para realizarlo?»
- ➟ «Si no lo hago, ¿qué consecuencias tendrá?»

Y para no confundir la actividad con la eficiencia, hazte la siguiente pregunta:

➤➤ «¿Lo que estoy a punto de hacer me acercará a mi objetivo?»(Si no es así, ¿por qué lo haces?)

En cuanto hayas respondido a estas preguntas, ponte en acción.

Esta otra cita es del conferenciante motivacional Zig Ziglar:

Para empezar algo no tienes que ser grande, pero para ser grande tienes que empezar algo.

No le falta razón.

Estoy escribiendo este libro en medio de una agenda de conferencias increíblemente abarrotada, pero el secreto para escribirlo es empezar a hacerlo. Es así de sencillo. Y es más probable que consigamos lo que nos proponemos si tenemos en cuenta lo siguiente:

Perlas de sabiduría para una gran vida

Son nuestras decisiones y disciplinas diarias las que determinan nuestro éxito en lugar de cómo nos sentimos ese día.

Y si quieres saber en qué se diferencian los triunfadores del resto de los mortales, apréndete la siguiente frase de memoria:

El compromiso es la capacidad de seguir al pie del cañón mucho después de que el entusiasmo se haya esfumado.

Hacer ejercicio pocas veces me entusiasma (en realidad, nunca me entusiasma), pero me he comprometido a hacerlo. No hablo acerca del tema ni me paso innumerables horas elaborando una rutina de ejercicios y pensando qué ropa deportiva me pondré.

Hago ejercicio, sin más.

Se basa en una decisión, no en un sentimiento.

Seré claro contigo.

La gran vida que deseas llevar no se hará realidad por soñar, simplemente, con ella. Y por más que lo quieras, el universo tampoco te la va a servir en bandeja.

Tienes que hacer algo para materializarla.

Debes poner tus palabras en acción, y quizá hoy sea un buen día para empezar.

Porque, de no hacerlo…, creo que te ira como anillo al dedo reflexionar sobre estas palabras de Steve Jobs:

Reto para vivir a lo grande

«Un día te levantarás y ya no te quedará tiempo para hacer las cosas que siempre quisiste. Hazlas ahora.»

Una vida exitosa, plena y feliz no ocurre por casualidad.

Se da gracias a la acción.

De modo que deja de darle a la lengua y pasa a la acción.

Hoy.

Ahora depende de ti

En la introducción he escrito que íbamos a emprender un viaje juntos. El viaje está llegando a su fin (al menos, por el momento). En los 35 capítulos anteriores he analizado las ideas y las percepciones que nos ayudan a llevar una gran vida al aumentar nuestros niveles de éxito, plenitud y felicidad. Cada uno de esos tres aspectos son subjetivos y no resultan fáciles de evaluar. Sin embargo, espero que sientas que el viaje ha valido la pena. Ojalá que, además de ofrecerte algunas ideas y percepciones, te haya inspirado a dejar huella durante tu estancia en este planeta.

Lo cierto es que más de cien mil millones de personas han vivido en este planeta antes que tú, pero nunca ha habido una igual a ti. Y nunca la habrá. Eres único. Así que, ¿cómo aprovecharás al máximo este increíble privilegio y esta oportunidad asombrosa que llamamos vida? ¿Cómo puedes dejar huella no solo en cuanto a ti, sino también en cuanto a los demás?

La vida nos ofrece innumerables posibilidades, y cada uno de nosotros tenemos un gran potencial. El reto consiste en reconocer que no podemos vivir aislados, en entender que nuestra eficiencia y nuestra dicha aumentan notablemente cuando conectamos y colaboramos con los demás.

La forma de empezar a hacerlo es apreciando los milagros cotidianos. Despierta al hecho de que este es tu momento, tu oportunidad. Tu vida no es un ensayo, es la obra principal. Pasará en un suspiro si no te tomas el tiempo para saborearla y disfrutarla. Me encanta esta cita atribuida a Confucio: «Todos tenemos dos vidas. La segunda empieza cuando nos damos cuenta de que solo tenemos una».

La última idea que he compartido contigo es «Pon tus palabras en acción». Aunque sería maravilloso poder llevar una gran vida simplemente por el hecho de leer o escuchar un libro, la realidad es muy distinta. De modo que tengo unos consejos para darte, y también te pediré un par de favores.

En primer lugar, durante los siguientes meses vuelve a leer este libro. Te sorprenderás al descubrir las cosas que se te pasaron por alto la primera vez que lo leíste. Aunque el contenido siga siendo el mismo, tú y tus circunstancias habréis cambiado. Por eso te animo encarecidamente a verlo como un libro que puedes releer una y otra vez.

Si aún no lo has hecho, toma notas, subraya ciertas frases e identifica varias acciones pequeñas y sencillas que puedes hacer (no olvides que las toperas son muy importantes).

También he mencionado en la introducción que puedes compartir las ideas que te ha inspirado el libro. Además de serles útiles a los demás, te ayudará a ti a consolidar lo que has aprendido y comprendido.

Y ahora es cuando voy a pedirte esos favores. Si te ha beneficiado leer este libro, escribe un tuit con tus citas favoritas en @TheSumoGuy (usa #greatlife para ello). Me vendrá de perlas saber cuáles son las que te han hecho vibrar.

En segundo lugar, me interesa mucho saber cuáles son los capítulos que más te han ayudado. Me encantará que me envíes un correo electrónico a McGee@theSUMOguy.com indicándome tus tres capítulos preferidos. Quién sabe, tus comentarios puede que me animen a escribir otro libro con más ideas sobre cómo llevar una gran vida.

En este libro he compartido muchas citas, pero me gustaría despedirme de ti con una de mis favoritas. Es de Ralph Waldo Emerson:

> Haber reído a menudo y con entusiasmo, ganarse el respeto de las personas inteligentes y el cariño de los niños…, dejar el mundo algo mejor…, saber que incluso un ser ha respirado con más tranquilidad porque uno vivido. Esto es haber triunfado.

Ya no tengo nada más que decir. Ahora la pelota está en tu tejado. Ha llegado el momento de marcar unos puntos. De dejar huella en el mundo. De ti depende.

Gracias por compartir conmigo el viaje. ¡Espero que lleves una gran vida!

PAUL

2018

Les doy en especial las gracias a...

Tengo la gran suerte y el privilegio de conocer y trabajar con algunas personas increíbles. Las que me han ayudado en concreto a crear este libro son Kev Daniels, Sally Blackburn-Daniels, Ed y Sarah Hollamby, Matt Summerfield y Catriona Hudson. Chicos y chicas, vuestro apoyo ha sido inestimable. Os doy las gracias.

Las observaciones de mi esposa Helen han sido sumamente esclarecedoras y alentadoras, y también quiero darle las gracias a mi hija Ruth (a la que llamo Ruffio) por haberme escuchado pacientemente cuando le leía pasajes del libro. Me alegra que te haya gustado. La sabiduría de mi hijo Matt no es habitual en un joven de su edad, y le estoy muy agradecido por su punto de vista y sus pensamientos, han influido en mi forma de pensar mucho más de lo que nunca se imaginará.

Os lo agradezco.

Sobre Paul McGee

Paul McGee es conferenciante, presentador de seminarios, asesor en comunicación y autor de libros superventas.

Tiene una titulación en Psicología Conductual y Social, y a principios de su carrera se dedicó a los Recursos Humanos y al Desarrollo de Personal.

Es uno de los conferenciantes del Reino Unido más prestigiosos sobre la transformación, el liderazgo inspirador y la comunicación asertiva. Su estimulante, divertido y práctico método para abordar la vida ha hecho que lo hayan contratado para dar conferencias en 41 países, y que se hayan vendido más de 200.000 ejemplares de sus libros en todo el mundo. También trabaja con regularidad como asesor y *coach* en un equipo de fútbol inglés de la Premier League.

Creó la marca SUMO (Shut Up, Move On: «Cállate, Sigue Adelante») en 2002 y recientemente ha lanzado SUMO4Schools, un curso concebido para ayudar a los jóvenes a alcanzar su potencial y desarrollar las habilidades para la vida.

Las personas le fascinan, es un explorador de la fe y un apasionado del fútbol. Es fan de dos equipos, el Wigan Athletic y el Bradford City. ¿Por qué? Es una larga historia.

La buena comida y echar unas risas con la familia y los amigos, combinado con los paseos campestres, le mantienen cuerdo. La mayor parte del tiempo.

Para obtener más información sobre sus libros entra en www.theSUMOguy.com.

ECOSISTEMA DIGITAL

NUESTRO PUNTO DE ENCUENTRO

www.edicionesurano.com

2 AMABOOK
Disfruta de tu rincón de lectura
y accede a todas nuestras **novedades**
en modo compra.
www.amabook.com

3 SUSCRIBOOKS
El límite lo pones tú,
lectura sin freno,
en modo suscripción.
www.suscribooks.com

DISFRUTA DE 1 MES
DE LECTURA GRATIS

1 REDES SOCIALES:
Amplio abanico
de redes para que
participes activamente.

4 APPS Y DESCARGAS
Apps que te
permitirán leer e
interactuar con
otros lectores.

 iOS